나는 죽을 때까지 기자다

나는 죽을 때까지 기자다

초판 1쇄 발행 2025년 9월 30일

글 김용발

발행처 도서출판 북적임
출판등록 제2020-000007호
전화 070-8095-9403
팩스 0303-3444-0166
이메일 pso1124829@gmail.com

Copyright © 2025 김용발

ISBN 979-11-969609-7-1 03300

- 책값은 뒤표지에 있습니다.
- 잘못된 책은 구입하신 곳에서 바꾸어 드립니다.
- 이 책은 저작권법에 따라 보호를 받는 저작물이므로 무단 전재와 무단 복제를 금지합니다.

> 도서출판 북적임에서는 작가 분들의 원고 투고를 기다리고 있습니다.
> 책 출간을 원하시는 작가 분은 이메일 pso1124829@gmail.com으로 책에 대한 간단한 개요와 집필 의도, 내용 요약본, 원고 등을 작성해서 보내주세요.

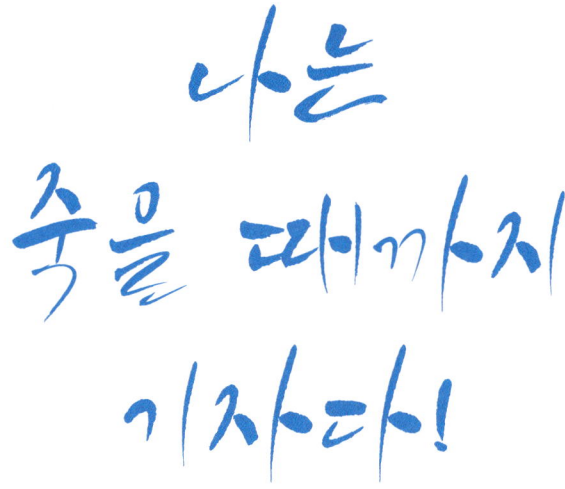

나는 죽을 때까지 기자다!

주암(舟岩) 김용발 지음

북적임

목 차

머리말 ... 009

프롤로그 : 나는 죽을 때까지 기자다

여러 신문사 근무 노년에 큰 도움 돼 ... 013
소속사우회 중 첫 출발 폐간 '신아'에 애착 ... 014
일간지 떠난 후 특수지 경영인으로 ... 015
한국경제시절 일본 와세다대학 유학 ... 017
일본어 공부 도움 된 통일일보 알바 ... 019
코주부 만화가 김용환씨와 함께 근무 ... 020
일본어 재테크 서적 번역, 연재한 뒤 출판 ... 022
일본책 '좀비족' 번역해줘 베스트셀러로 ... 024
화장품 유통구조 비판기사로 관심모아 ... 026
기업을 살리는 것도 경제기자가 해야 할 일 ... 029
말년을 내 직장에서 글을 쓰며 ... 030

제 1장 : 태어나서 기자가 되기까지

내가 태어난 곳 주암(舟岩)마을 ... 033
한 척의 배와 같은 모양이라서 마을이름이 주암 ,,, 035

나의 아버지 ... 037

나의 어머니 ... 038

나의 학창생활 ... 040

나의 군대생활 ... 042

제 2장 : 4개 신문사를 전전하며

첫 직장이 합판회사 ... 045

교열부기자로 발령받아 ... 046

신아일보에서 조선일보로 옮겨 ... 047

한국경제에서 일본 와세다대학 유학 ... 049

대학원에 다니면서 통일일보에서 근무 ... 051

귀국해서 체육부로 발령받아 ... 054

내외경제신문으로 옮겨 ... 057

제 3장 : 신문사를 나와서

일선기자에서 물러나 출판사 기획실장으로 ... 061

출판사를 떠나 화장품신문사에 취직 ,,, 063

주간코스메틱의 사장으로 취임 ... 064

지인과 같이 공동대표로 ... 066

여약사신문으로 옮겨 ... 066

보건신문사장에 취임	... 067
다시 여약사신문으로 돌아가	... 068
메디팜헬스뉴스라는 이름으로 인터넷신문 창간	... 068

제 4장 : 마라톤으로 건강과 행복을 동시에

마라톤으로 건강 지켜	... 073
천혜의 마라톤 코스 석촌호수	... 075
춘천마라톤 10km에 참가	... 078
2만여명의 마라토너 참가	... 079
마라톤으로 고혈압, 당뇨 OK	... 081
춘천마라톤은 가을의 전설을 쓰는 곳	... 083

제 5장 : 애향회와 한강포럼

고향은 언제나 어머니품속처럼 포근한 곳	... 087
잊혀져가는 고향 찾아 주민들과 정담 나눠	,,, 088
강을 가로지르는 한 척의 배와 같은 마을	... 088
마을주민들과 함께 고향 지켜	... 090
경제, 문화계 인사들의 모임 한강포럼	... 092
여수엑스포와 남해를 다녀와서	... 093
사람과 바다가 함께 살아가는 길을 모색	... 095

아쿠아리움은 입장객들이 가장 가고 싶어 하는 곳	... 097
한폭의 그림과 같은 삼천포 전경	... 098
원예예술촌의 조경시설 돋보여	... 100

제 6장 : 가족과 소중한 분들

일요일 오전에 모이는 등산모임	... 105
토요일에는 어머니 병문안	... 107
나이가 들면서 아내가 소중하다는 것을 느껴	... 108
두바이에서 생활하는 딸	... 110
가정과 함께 소중한 직장	... 111
인생을 멋있게 사시는 김희수 총장님	... 112
한·일 친선교류에 힘쓰는 마미야씨	... 115

제 7장 : 신문에 남긴 글들 (인물)

김승호 보령제약 회장, 한국 제약산업의 글로벌 초석 다져	... 119
김희수 총재의 저서 '세월에서 배웁니다'를 읽고서	,,, 124
유상옥 회장의 '양재천을 거닐며'(아흔의 경영인)를 읽고서	... 127
지성한 회우의 저서 '반추'를 읽고서	... 132
법과 원칙에 따라 밀어붙이는 소신 있는 정치인 '최병렬'	... 138

제 8장 : 신문에 남긴 글들 (여행)

메이지유신 150주년, 그 발상지를 찾아서	... 145
뮌헨을 다녀와서	... 150
대한언론인회보 기고용 이집트 여행기	... 155
캐나다를 다녀와서	... 161
예학을 실천한 논산 돈암서원을 찾아서	... 169
소리, 문화의 고장 보성과 고창을 가다	... 178
공장이 없는 무공해 청정지역 양구를 다녀와서	... 184
공주 백제문화제 탐방기	... 192
홍천 수타사와 남국억기념관을 다녀와서	... 199
한강포럼의 김포문화유적지 탐방	... 204

머리말

이제 내 나이 81세이다.

일본으로부터 해방되던 해인 1945년에 태어났다 해서 내 나이를 가리켜 흔히들 '해방둥이'라고 부르기도 한다.

80이 가까워지면 세상사를 좀 알고 철이 들만도 한데 아직 아닌가 보다. 내가 지금의 나 자신을 보건대 나는 분명 81세가 아닌 50대라고 생각한다. 정신적인 면에서나, 육체적인 면에 서도 그렇다. 그래서 요즘은 본인의 실제 나이에 0.7을 곱한 나이가 실제 정신 및 건강나이라고 한다. 나의 경우는 56세란 수치가 나온다. 그러니 아직 철이 들지 않았는지도 모른다. 아니 철이 들어가고 있는지도 모른다.

무슨 생뚱맞은 말을 하느냐고 할 수도 있겠다. 혹은 나이 들어가는 것이 서러워 철저히 자기방어를 위한 자기본위의 몸부림에 불과한 말이라고 할 수도 있겠다.

그러나 이 같은 현상은 나뿐만이 아니라 우리나라 사람 모두에게 해당된다고 생각한다. 내가 초등학교 시절 기억나는 것은 40대의 나이는 지금의 70대로 보였고, 50대는 지금의 80대로 보였다. 실제로 50대의 나이인데도 불구하고 백발이 성성하고 허리가 구부정하게 걷고 다니는 사람을 많이 보았다.

하지만 현재 나이 50살에 허리 구부정한 사람은 볼 수 없다. 대부분의 사람들이 70살이 돼도 허리를 펴고 다니고, 등산, 조깅, 골프 등 자신의 형편이나 취미에 맞게 여가를 즐기고 있다.

1950년대 우리나라 사람들의 평균수명이 50대로 알고 있다. 50년이 지난 현재 우리나라 사람들의 평균수명은 80세에 이르고 있다.

이 수치대로 비교한다면 지난 1950년대보다 현재는 30살을 더 살고 있으니 자신의 나이에서 30을 뺀 나이가 자신의 나이가 아닌가 생각된다. 현재 70세는 40세이고, 80세는 50세가 되는 것이다. 그러니 나는 내 나이를 정확하게 매기면 56세인 셈이다. 80대들이여! 힘차게 용기를 가지시라. 우리는 아직 50대라고.

사정이 이런데도 대부분의 샐러리맨들이 50대에 직장을 물러나야 하는 현실을 볼 때 정말로 가슴 아픈 일이 아닐 수 없다. 본인으로서는 생매장이나 다름없는 이 같은 현실을 어떻게 타개해야 할지. 우리국민 모두의 과제이자 국가적으로 풀어야 할 숙제다.

나는 지금까지 '좀비족', '한국의 유통산업, 시장개방에 대응하라!' 등 다수의 번역서를 냈으며, 그 가운데는 베스트셀러에 오른 책도 있었다. 그러나 번역서가 아닌 책은 '나는 죽을 때까지 기자다!'가 처음이다.

이 책은 평생을 기자로 살아온 내가 지금까지 겪어왔던 이야기와 함께, 단편적인 생각들을 정리해본 것이다. 나는 남들처럼 좋은 가정에서 학교를 제대로 다니지 못했다. 그럼에도 하나님께서는 어려운 고비 고비마다 나에게 은총과 힘을 주셨다. 참으로 감사할 따름이다.

책의 제목을 '나는 죽을 때까지 기자다'라고 붙인 것은 내 직장에서 죽을 때까지 글을 쓰고 싶기 때문이다. 미니 자서전이라 할수 있는 프롤로그에 필자가 걸어온 길을 다시 쓰다 보니 일부 중복되는 문장도 있었다. 독자분들께 양해를 드리고 싶다.

내가 걸어온 길과 함께 생각나는 사람들에 대한 평을 쓴 이 책은 하나의 잡기에 불과하다. 아무튼 읽는 사람으로 하여금 조금이라도 공감할 수 있는 내용이었으면 하는 바람이다.

2025년 3월 시국이 어수선한 문턱에서 김용발

프롤로그

나는 죽을 때까지 기자다

나는 죽을 때까지 기자다!

2014년 대한언론인회 〈언론·언론인의 길〉 '그때 그 현장 못다한 이야기' 제 4권에 실린 글

"기자란 있는 사실을 그대로 취재하는 것도 중요하다. 그러나 기업을 죽이는 것보다 기업을 살리는 것이 경제기자가 해야 할 일이라고 생각했다. 해당 약품의 전문가인 의사가 국민건강에 위해하지 않다고 하는데 굳이 사실보도를 해서 특종을 한들 무슨 의미가 있겠느냐는 생각이 들었다."

여러 신문사 근무 노년에 큰 도움 돼

나는 신아일보 기자로 시작하여 조선일보, 한국경제신문, 내외 경제신문 등 비교적 여러 신문사에서 근무했다.

신아일보와 조선일보에서는 교열부에서 일했고, 한국경제신문과 내외경제신문에서는 경제 해설부, 지방경제부, 유통경제부, 생활경제부, 산업부 등 여러 부서를 돌아다니며 취재활동을 해왔다.

내가 길이온 길을 모르는 사람들은 '한 직장에서 뿌리를 내려야지 여기저기 돌아다니는 것은 참을성 있는 끈기가 모자라기 때문'이라고 지적을 하기도 한다. 그러나 그 같은 말은 나 개인의 속사정을 모르는 데서 하는 말이다.

내가 걸어온 길을 되돌아보면 나로서는 여러 신문사로 전전하지 않으면 안 될 불가피한 선택이었으며, 참으로 현명한 판단이었다고 생각

한다.

이제 나이가 들다보니 여러 신문사에서 근무한 것이 오히려 나에게는 많은 사람들을 사귈 수 있어서 도움이 되고 있다. 또 지금 내가 적을 두고 있는 조그만 인터넷신문을 운영하는데도 큰 도움이 되고 있는 것도 사실이다.

소속사우회 중 첫 출발 폐간 '신아'에 애착

나는 대한언론인회가 주관하는 각종 행사에도 열심히 나가고 있다. 대한언론인회에서 주최하는 산업시찰이나 군부대 시찰, 방송국 견학은 개인 신분으로서는 대접받기 어려운 것이다. 특히 군 화력시범훈련은 더더욱 어려운 관람이다. 국방부에서 버스를 타고 화력시범을 참관한 적이 있다. 다른 버스에는 육해공해병대 출신의 예비역장군들이 타고 있었다. 대한언론인회 회원들도 예비역 장성들과 똑같은 대접을 받은 것이다. 나는 대한언론인회를 통해서 일반인들이 구경할 수 없는 것을 구경할 수 있었다는데 뿌듯한 자긍심을 갖고 있다. 대한언론인회에 감사를 드린다.

그리고 내가 걸어온 4개신문사의 사우회 모임에도 빠짐없이 참석하고 있다. 신아일보 전직 사원들의 모임인 신우회에는 정기총회, 망년회에 참석하고 있으며, 조선일보에서는 조선일보 사우회 회보지인 '朝友'의 편집위원을 맡고 있으며, 조선일보 교열부 기자들의 모임인 교우회에도 열심히 나가고 있다. 또 한경 사우회의 모임에도 빠지지 않고 나가고 있으며, 내외경제 사우회 모임인 헤럴드미디어 등산모임에서는 산행대장을 맡고 있다.

이 가운데서도 가장 애착이 가는 곳이 신아일보 모임이다. 이미 35년 전 전두환정권 때 폐간이 된 신문사의 사원들 모임이지만 내가 이곳에서 기자로서의 첫 출발을 한 곳이기 때문이 아닐까 생각된다.

얼마 전 조선일보 교우회 모임에 나갔다. 이 자리에는 조선일보 발행인을 역임한 안병훈 도서출판 기파랑 사장도 게스트로 참석했다. 그는 이 모임의 고문이기도 하다. 그는 "70이 넘은 우리들이 한 자리에 모여 소주를 마시며 옛날이야기를 나누는 것만으로도 행복한 것"이라고 했다. 참으로 인간미 넘치는 말이었다.

77세인 그는 70세인 나에게 "김사장 나이로 돌아갔으면 참 좋겠다"고 했다. 이러한 말은 나보다 연세가 7-8세 많은 선배로부터, 혹은 10년 선배로부터, 혹은 12년 많은 띠 동갑선배로부터 많이 들어왔다. 그럴 때마다 불과 10여년의 차이인데 무슨 말씀을 그렇게 하시느냐고 하면 절대 그렇지 않다는 게 선배들의 한결같은 대답이었다.

일간지 떠난 후 특수지 경영인으로

선배들의 이러한 지적은 나에게 있어 앞으로의 10여년은 참으로 하루하루가 소중한 시간으로 여생을 값지고 보람되게 살지 않으면 안된다는 경고신호로 들려온다.

재(財)테크라는 말은 우리가 흔히 들어온 말이다. 그러나 최근에 우

(友)테크라는 신조어가 생겨났다. 재테크에 쏟는 시간과 노력의 몇 분의 1이라도 세상 끝까지 함께 할 친구들을 만들고, 확장하고, 엮고, 관리하는 일에 정성을 쏟아야 한다는 것이다.

우리는 지금까지는 앞만 보고 달려오느라 돈 버는 법에는 혼신의 힘을 쏟아왔지만 친구사귀는 법은 등한시해왔다. 그러나 돈을 가졌다고 마냥 행복한 것만은 아니다. 부와 지위가 정점에 있던 사람들조차 스스로 몰락하는 일을 적지 않게 보아왔다. 서로를 이해하는 벗이 없다면 누구든 고독의 말년을 보내야 한다.

우(友)테크는 행복의 공동체를 만드는 기술이며, 행복하게 사는 전략이다. 바로 이런 점에서 대한언론인회에 나가거나 자기가 일했던 직장의 사우회에 나가는 것은 힘들이지 않고 우테크를 만들 수 있는 곳이다.

조비룡 서울의대 교수는 노년이 행복하려면 주위 사람들과 정 깊게 교류할 수 있는 인간관계, 오늘도 잘 살았다는 보람을 가질 수 있는 일거리, 남에게 의지하지 않고 스스로 움직일 수 있는 튼튼한 연골을 꼽고 있다. 여러 모임에 나가 인간관계를 돈독히 하는 것은 노년의 세 가지 행복의 조건 가운데 하나다. 나는 일간 신문사를 떠나서는 '기업 경영'이라는 월간지의 편집주간을 시작으로, 화장품신문인 '주간 코스메틱' 사장, 의약계 신문인 '보건신문' 사장을 거쳐, 의약계 인터넷신문인 '메디팜헬스뉴스' 발행인으로 일하고 있다.

이들 월간지와 주간지, 그리고 현재의 직장에서 일할 수 있었던 것은 일간지에서 제약업계와 화장품업계, 그리고 보사부 출입 기자로 일했던 것이 밑바탕이 되었기 때문이다.

과거 신문사에 근무하면서 추억거리로 남는 몇 가지를 소개하고자 한다.

한국경제시절 일본 와세다대학 유학

나는 한국경제신문사에 근무할 당시 한국언론연구원에서 언론인을 대상으로 한 유학시험에 합격, 일본 와세다 대학원에 입학했다. 1년간 체류비, 등록금 등 모든 경비는 한국방송광고공사에서 대주었다. 정부 파견 유학생이었다.

한국경제신문의 이규행사장이 흔쾌히 유학을 허락해주었다. 나는 아내와 유치원에 다니는 아들, 딸을 데리고 일본 동경에 있는 에도가와 쿠 니시카사이라는 곳에 방 2칸짜리 아파트를 구입했다. 이곳에 자리 잡은 것은 이곳은 비교적 동경에서 타 지역에 비해 물가가 쌀 뿐만 아니라 와세다대학에서 전철을 갈아타지 않고 도자이센(東西線)으로 집에까지 갈 수 있기 때문이었다.

일본어를 제대로 공부하지 못한 집사람은 일본어의 알파벳인 가타가나와 히라가나를 외워서 갔다. 그런데도 기바(木場)에 있는 후카가와 교회에 다니면서 교인들과 어울려 지내면서 불편하지 않을 정도의 일본어 실력을 쌓았다.

일본어를 전혀 모르는 아이들은 후나보리 구립(區立)유치원에 보냈다. 아들과 딸 두 아이들은 불과 한 두달도 지나지 않아 우리말을 다 잊어버리고 일본말을 하기 시작했다. 어느 날 와세다대학에서 가족소풍을 갔는데 우리아이들은 일본아이들과 말 이어가기를 서슴지 않고 하는 것을 보았다.

아이들의 머리는 무한(無限)하다고 하는 말을 실감할 수 있었다. 아이들은 귀국 후 불과 한 두 달이 지나지 않아 일본 말을 완전히 잊어버리고 말았다. 1985년에 일본 유학을 갔으니 이제 30년이 됐다.

내가 일본에 가서 느낀 것은 일본인들은 정직하며, 친절하다는 것이었다. 오토바이나 자전거를 길에 놓고 분실하면 거의 제자리에 있거나, 아니면 분실물 보관소에 가면 대부분 찾을 수 있었다. 길을 가다 일본인에게 물어보면 상세히 가르쳐 준다. 대충 가르쳐 주어 길을 헤매게 하지 않는다. 상대방이 잘 알아듣지 못하고 엉뚱한 길로 들어서면 상대방이 있는 곳까지 달려와서 제대로 길을 가르쳐준다.

당시에는 일본 경제가 세계에서 가장 앞서 나갔다. 지금은 반도체, 핸드폰 등 우리나라가 앞서가는 제품이 상당히 많지만 그 당시에는 대부분의 제품이 일본이 앞서나갔다. 그래서 일본이 우리보다 10년 내지 20년이 앞선다는 말이 나왔다.

내가 일본에 있는 동안 24시간 편의점이 언젠가는 우리나라에도 유행할 것이라고 예상했다. 그리고 자스코, 다이에 등 대량 양판과 같은 쇼핑센터가 우리나라에도 생길 것이라고 생각했다. 아니나 다를까. 귀국해서 몇 년 지나지 않아 우리나라에도 24시간 편의점과 대량양판인 롯데마트, 이마트, 홈플러스 등이 전국 곳곳에 우후죽순처럼 생겨 나기 시작했다.

일본어 공부 도움 된 통일일보 알바

나는 와세다 대학에 선발된 후 성곡 언론재단으로부터 지원을 받아 일본 게이오 대학에 1년간 유학을 마치고 온 조선일보 서강화 부국장에게 인사를 드리러 갔다. 그는 대학원은 1주일에 한번 가면 되니 통일일보의 이승목 주필에게 친서를 써 줄 테니 인사드리고 신문사에서 아르바이트를 하라는 것이었다.

통일일보는 재일거류민단 기관지로서 대판 4면을 발행하는 일본어 일간지였다. 사장은 이영근씨였으며, 주필은 이승목씨였다. 이승목 주필은 동경대경제과를 나온 분으로서 재일교포들의 법적지위 및 권익 옹호를 위해 부단히 노력하신 분이었다. 직원들은 거의 대부분이 교포 2세였다. 우리말을 하기는 하지만 많이 서툴렀다.

내가 하는 일은 연합통신을 일본어로 번역해서 데스크인 김시문 차장에게 넘겨주는 일이었다. 또 우리나라 일간지에 실린 사설을 엄선, 번역해서 '금일의 논조'라는 란을 메웠다. 처음에는 신문 용어로는 어색한 번역이었으나 김시문 차장이 지적한 것을 하나 둘 메모해서 번역하다보니 거의 틀리지 않고 넘어갈 수 있었다.

우리말을 모르는 재일교포들과 일본어로 말하고, 우리나라 신문과 연합통신을 일본어로 번역하는 일은 나에게는 일본어 공부에 큰 도움이 되었다.

내가 한국에서 흔히 들어오던 노동자를 일본어로 '노가다'라고 했더니 문화부에 근무하는 여기자가 나에게 '노가다'가 아니라 도가다(土方)라고 지적해준다. 또 월급쟁이 사장을 '야도이 샤쵸'라 고 했더니 '야도와레 샤쵸'라고 해야 맞다는 것이다.

'야도이샤쵸'는 우리말로 고용한 사장이란 뜻으로 요컨대 오너란 의미이니 틀린 말이며, '야도와레 샤쵸'(고용된 사장)가 맞는 말이라는 것이다.

통일일보에 근무하면서 가끔은 사원들과 함께 회식에 참석하기도 하고, 2차로 노래방에 가기도 했다. 통일일보에 근무하는 사람들은 일본노래는 물론이고, 한국의 가요, 그리고 북한노래도 많이 알고 있었다. 재일거류민단에 속한 이들은 재일조총련동포들과도 자주 어울리기 때문이다.

이승목 주필은 당시 나이가 지긋한 분이신데도 나를 그가 자주 가는 단골카페로 초대, 정훈희의 '안개', 그리고 심수봉의 '여자이니까'를 능숙하게 부르셨다.

코주부 만화가 김용환씨와 함께 근무

일본에 유학하는 동안 조선일보의 김윤곤씨가 주일특파원으로 발령받아 나를 찾아왔다. 나는 이승목씨에게 그를 소개해주었다. 두 사람은 처음 인사를 받은 사이였지만 이승목 주필이 김윤곤 특파원의 경북 고등학교 선배이기도 했다.

통일일보는 북한에 대한 자료를 많이 가지고 있었다. 당시 최은희는 북한에 납북되어 영화감독으로서 이준 열사의 일대기를 그린 영화 '돌아오지 않는 밀사'라는 영화를 만들었다. 통일일보에도 이 영화의 비디오를 소장하고 있어서 김특파원과 함께 관람하기도 했다. 통일일보 근무 중에 일본인들과 함께 유럽여행을 갈 수 있는 기회가 있었다. 영국 런던, 프랑스 파리를 거쳐 스위스의 제네바를 다녀왔다.

내가 근무할 1985년 당시 통일일보에는 만화 코주부로 유명한 김용환씨가 신문 삽화를 그리고 있었다. 일본인 부인을 둔 그는 회사로부터 멀리 떨어진 교외에서 출퇴근을 하고 있었다. 그는 댕기를 딴 아가씨가 그네를 뛰는 모습 등 다양한 민화를 그려서 돈 있는 재일교포들에게 비싼 값으로 팔아 생활에 보태 쓰고 있었다.

또 한 분은 이석인씨다. 그는 서울신문 출신으로 아사히신문 칼럼에 날카로운 글을 쓴다고 소개될 정도로 유명한 언론인이다. 그의 별명은 이석인(李錫寅)이라는 이름에 범인자가 들어있어서 '타이거 리'로 부른다.

내가 사귄 일본인 가운데 아다카 나오미(安宅直美)라는 사람이 있다. 이 사람은 우리말을 배워서 한국어로 인사말을 할 정도로 우리나라에 관심이 많은 사람이다.

나는 한국에 돌아오기 전 후임 기수로 일본에 유학 온 경향신문의 이원창씨(국회의원을 거쳐 방송광고진흥공사 사장 역임)에게 아다카씨를 소개시키면서 이 사람을 사귀면 일본어 공부에 큰 도움이 될 것이라고 했다.

후지쓰의 계열사인 후루카와(古川)광업에 근무하는 아다카씨는 나와 그리고 이원창씨가 귀국한 몇 년 후 한국을 방문, 서울에 머무르는 동안 우리는 그를 따뜻하게 맞아주었다.

나는 귀국에 앞서 이원창씨 등 일행 4명에게 내가 살고 있던 집을 물려주고, 동네에 있는 부동산 사장 마쓰모토(松本)씨에게 이 사람들은 언론인으로서 믿을 수 있는 분들이니 방을 얻어주라고 부탁했다.

그 당시에는 일본인들이 방을 얻으려는 한국교포들을 기피하는 경향이 농후했다. 일본에서의 유학생활은 비교적 재미있었고 보람이 있었다.

일본어 재테크 서적 번역, 연재한 뒤 출판

나는 일본 유학을 마치고 귀국 후 경제해설부 차장으로 발령을 받았다. 당시 한국경제신문에서는 일본에서 돈벌이의 귀재로 알려진 대만 출신의 일본인 경제학자 규에이칸(邱永漢)과 출판계약을 맺고 그가 지은 베스트셀러들을 들여와 이를 번역해서 한국경제 신문에 연재를 했으며, 두세달간 연재를 마치면 다시 단행본으로 책을 만들어 서점에 내놓았다. 나는 경제해설부에 근무하면서 이 책들을 번역하는 일에 매달렸다.

일본연구, 성공의 법칙, 돈 버는 이야기, 장사로 성공하는 방법, 주식

투자로 돈 버는 방법, 돈벌이 출세입문, 여성이 사업으로 성공하는 비결, 자녀를 위한 금전교육 등 10여권이 넘는다.

당시는 일본이 세계에서 경제가 가장 앞선 나라로 우리나라 대기업들이나 중소기업들이 일본의 경제기법을 하루빨리 도입하려고 분주하던 시대였다.

규에이간은 아버지가 대만인이며, 어머니가 일본인이다. 동경대 경제학부를 나온 그는 아쿠다가와 문학상을 탈 정도로 문학에도 뛰어난 사람이다. 그는 경제학자로서 남녀의 이성관계 등 사랑을 다루는 소설에서 돈 버는 이야기를 다루는 글로 바꾸자고 생각, 위와 같은 실용서적들을 출간해 베스트셀러가 된 것이다.

그는 돈벌이의 귀재답게 주식투자에도 달인이다. 그가 강연을 나서면 투자자들이 구름처럼 따라다닌다고 한다. 예컨대 그가 강연장에서 향후 몇 년까지는 자동차수요가 급격히 늘어나 철의 수요가 많아지므로 일본의 신일철(新日鐵)의 생산이 크게 늘어날 것이라고 발표하면 다음날에는 신일철의 주식이 큰 폭으로 뛴다는 것이다.

한번은 그가 호텔에서 한국의 경제장관과 대담을 나눈 적이 있었다. 옆에서 직접 들은 이야기다. 일본에 비즈니스호텔이 들어서기 시작한 것은 자신의 아이디어였다는 것이다.

당시 일본의 회사들이 본사는 도쿄에 있고, 공장은 지방에 있어서 공장의 간부들이 도쿄본사에 와서 머물려면 호텔에서 숙박하기에는 비용이 너무 많고, 그렇다고 여관에서 자기에는 너무 초라해서 창안해낸 것이 비즈니스호텔이었다고 한다. 규에이칸씨는 당시 비즈니스호텔을 지어 팔면 엄청난 돈을 벌 수 있었다는 것이다. 그러나 그는 사업에 뛰어들지 않고 비즈니스호텔 운영위원회를 구성, 아이디어만 제공했다고 한다.

그는 1년에 한번 정도 한국을 방문, 당시 이병철 삼성그룹회장, 정주영 현대그룹회장 등 대기업 총수들을 만나 환담을 하기도 하고, 전국경제인연합 대강당에서 강연을 하기도 했다.

나는 그가 강연한 내용을 번역, 한국경제신문에 전면으로 상중하로 나눠 3회로 연재하기도 했다. 그는 1시간 이상 경제에 관한 강연을 하면서 원고를 보지 않고 생각나는 대로 강연을 했다. 강연내용을 번역했지만 어느 한 문장이라도 버릴 곳이 없었다. 돈벌이의 귀재라고 소문난 그의 천재성을 새삼 확인할 수 있었다.

내가 번역해 연재한 규에이칸씨의 돈 버는 이야기 시리즈는 많은 독자들이 애독함으로써 주식면을 읽는 독자와 함께 신문부수 확장에 크게 기여했다고 한다.

일본책 '좀비족' 번역해줘 베스트셀러로

당시에 나는 능률연구소라는 곳으로부터 일본에서 발행된 좀비족이라는 책을 번역해달라는 부탁을 받았다.

이 책은 우시바 야스히코라는 일본 미츠비시상사의 인사부장이 집필했다. 좀비란 조직 내에서 무리를 지어가며 음모를 꾸며 선량한 사원들을 해치는 불량한 사원들을 일컫는 말이다. 한마디로 기업의 조직을 좀먹어가는 인간들을 말한다.

우시바씨는 '위기관리'를 연구하는 사람으로서 좀비족들이 조직 내에서 사람, 사물, 돈 등 중요한 경영자원을 먹이로 얼마나 많은 폐해를 끼치고 있나를 사례를 들어 좀비증후군에게 날카롭게 메스를 가해 리스크 매너지먼트의 시점에서 분석, 검토한 것이 바로 이 책이다. 우시바씨는 독자가 쉽게 이해할 수 있도록 책을 썼다. 인문사회과학책이 비교적 읽기에 딱딱하지만 이 책은 재미가 있도록 쉽게 썼다.

이 책을 한 달 내로 번역을 끝내달라는 부탁을 받았다. 밤에도 번역을 하면서 기간 내에 번역을 마쳤다. 이 책을 번역하면서 기업을 살리는 것도, 기업을 죽이는 것도 인간이기에 인간관리가 얼마나 중요한가를 느꼈다. 때문에 이 책의 부제를 '위기는 인간이다'라는 제목으로 정했다.

이 책은 나오자마자 불티나게 팔려나갔다. 조직관리에 관한 책이다 보니 삼성, 엘지, 동부그룹, 쌍용그룹 등 많은 회사에서 전 사원들이 읽도록 단체주문을 해갔다.

역자인 나에게도 여러 회사에서 원고 청탁이 들어왔다. 배화 여자대학에서는 교수와 학생들이 나를 찾아와 좀비족에 대한 인터뷰를 하기도 하고, 학교신문에 글을 써달라고 요청하기도 했다. 교보문고에서는 신간서적 베스트셀러 1위를 오랫동안 지속했다. 소설이 아닌 인문사회과학책으로는 1986년 상반기 가장 많이 팔린 책으로 신문에 게재되기도 했다.

쌍용그룹에서는 좀비증후군 44개의 증상을 제시, 퇴치운동을 전개함으로써 우리 기업계에 커다란 파문을 일으키기도 했다. 이 책을 발행한 경영능률연구소의 박동순 사장은 이 같은 여세를 몰아 저자인 우시바 야스히코씨를 초청, 전경련대강당에서 기업인을 대상으로 좀비족 증후군 퇴치를 위한 강연회를 갖기도 했다.

당시에 나는 엘지화학 출입기자로서 홍보 관계자들과 식사를 한 적이 있다. 식사자리에서 한 간부가 초면인 나에게 "저는 김차장님을 잘 압니다"라고 인사를 건네는 것이었다. 나를 어떻게 아느냐고 했더니 "구자경 회장님이 좀비족이라는 책을 단체로 구입해서 과단위로 읽으라"고 지시했다는 것이다.

나는 소설이 아닌 인문사회과학책이라도 알기 쉽고, 재미있게 쓰면 베스트셀러가 된다는 사실을 실감할 수 있었다.

화장품 유통구조 비판기사로 관심모아

나는 경제해설부에서 다시 유통부로 발령을 받았다. 내가 처음 취재를 맡은 곳은 화장품업계였다. 화장품업계기자로 근무할 당시 '화장품의 2중 유통구조 소비자 우롱'이라는 기사를 써서 이 기사를 놓고 데스크와 언쟁을 벌이기도 했으며, 기사가 나간 다음 관련회사 홍보담당자들이 오너로부터 크게 혼쭐이 난 일화가 있어 소개하고자 한다.

나는 이 기사를 쓰기 위해 여러 화장품회사들의 실무자에서 오너에 이르기까지 많은 사람들을 만났다. 나는 화장품업계가 어떻게 가야 하는 것이 바람직한가에 대해 그들과 진지하게 이야기를 나누었다. 나는 화장품회사 오너가 한 이야기, 간부가 한 이야기. 실무자가 한 이야기를 가감 없이 쿼터 처리로 기사에 실었다. 사안의 옳고 그름을 판단하는 것은 독자이기 때문이다.

그러나 데스크는 이 기사가 나가게 되면 기사관련 회사가 광고를 주지 않을 테니 기사를 내보내지 않는 것이 어떻겠느냐고 나에게 양해를 구하는 것이었다.

나는 '애써 쓴 기사를 사장시킨다는 것이 말이 되느냐'며 안 된다고 단호히 거절했다. 내가 고집을 굽히지 않자 그는 부장의 자리가 어떠한지 제발 이해해달라는 것이었다. 그는 내가 끝까지 주장을 꺾지 않자 나에게 기사내용을 약간 완화시켜서 1회로 내보내자고 협상을 해 왔다.

나는 그의 의견도 존중하자는 뜻에서 그렇게 하자고 승낙을 해 주었다. 그렇게 해서 3회의 박스기사로 내보낼 것을 제목과 기사 내용을 완화시켜서 1회로 내보냈다

당시 내가 쓴 제목은 '화장품 2중 구조 소비자 우롱', '당국에서 철저히 바로 잡아야'였다. 이 기사가 가판으로 나가자 해당회사에서는 야간 당직부장에게 기사를 빼달라고 요청했다. 그러자 당직부장이 그럴 수는 없다고 하자 그러면 제목이라도 고쳐달라고 해서 완화된 제목과 함께 기사가 나간 것이다.

아침에 출근을 하자 동아일보에서 발행하는 '멋'이라는 잡지사의 데스크로부터 전화가 걸려왔다. 이 글을 좀 더 심층적으로 잡지 스타일에 맞게 써줄 수 없겠냐는 것이었다. 마침 이 기사는 기획 기사로 상중하로 3회 시리즈로 내보내려고 기사를 썼다. 때문에 많은 기사량을 필요로 하는 잡지기사로서도 충분했다. 87년 7월 호로 기억된다. 내가 써준 기사는 그 잡지의 표지에 빨간 제목과 함께 톱기사로 장식되었다. '멋'이라는 여성잡지이다 보니 화장품 기사가 딱 들어맞았던 것이다.

이 기사가 나간 후 화장품 T회사 홍보실에서는 초상이 났다는 말을 경쟁회사인 화장품회사의 H회사의 홍보부장으로부터 들었다. T회사 회장은 이 기사를 읽고 홍보실직원들에게 왜 기자가 이런 글을 쓰는 것을 막지 못했느냐며 심한 질책을 했다고 한다.

기사내용은 유통구조가 방문판매와 할인코너의 2중구조로 되어 있어 똑같은 화장품이 방문판매에서 구입하는 것이 할인코너에서 구입하는 것보다 많게는 30~40% 비싸다는 것이었다. 그로 인해 소비자에게 혼란을 주는 이런 2중의 유통구조는 정책당국에서 하루빨리 정리해야 된다는 내용이었다.

당시 T회사는 방문판매로 톡톡히 재미를 보고 있었는데 이런 기사가 실렸으니 오너입장에서는 대노할 수밖에 없었을 것으로 생각된다.

지금은 할인코너도 없어지고 화장품의 유통구조가 자리 잡힌 것으로 알고 있다. 참으로 다행이다.

기업을 살리는 것도 경제기자가 해야 할 일

나는 다시 제약업계를 맡아 제약사를 돌아다니며 취재를 했다. 제약회사는 화장품회사보다 훨씬 많다. 제약사 취재를 하면서 빠질 수 없는 사건이 있었다.

두통약으로 제일 선두를 달리는 S사가 이 약에 마약성분을 넣어 보사부로부터 제조정지처분을 당했다는 제보가 들어왔다. 보사부에 확인한 결과 사실이었다. 당시 이 약에 대한 정보는 나만 알고 있었다.

보사부에서도 발표를 하면 경제에 미치는 영향이 크므로 해당사에만 조치를 하라고 하달한 것으로 생각된다. 이 제품은 이 회사의 주력제품으로 30년이 지난 그 당시에도 연간 매출액이 100억원이 넘는 제품이었다.

TV나 신문에 광고를 많이 해 소비자들이 익히 알고 있는 제품이었다. 나는 S사 회장에게 사실유무를 알아보기 위해 전화를 걸었다. 그는 상기된 표정으로 나를 찾아왔다. 그는 계열사까지 합쳐 500여명의 종업원과 함께 딸린 가족까지 합치면 2천명이나 된다며 이 기사가 나가면 우리 모두가 길거리에 나앉게 되니 제발 기사화하지 말아달라고 간청을 했다.

나는 두통약에 마약성분이 들어간 것이 사실이냐고 묻자 그는 사실이라고 했다. 국민건강에 위해하지 않느냐고 물으니까 그는 전혀 위해하지 않다고 했다. 나는 마약성분이 위해한지 아니한지 대학병원의 교수를 찾아가 물어보았다. 교수는 위해하지 않다고 했다. 우리나라 약사법에 의해 마약성분을 넣지 못하게 하는 것이지 스위스 같은 나라에서는 마약성분 함유를 허용한다는 것이었다.

기자가 있는 사실을 그대로 썼을 때 그 회사에 미치는 영향은 심대할 것이다. S제약사는 계열사 3개를 둔 회사로서 종업원이 500명이었으며, 딸린 가족까지 합치면 2,000명이나 된다. 주력 상품이 무너지면 가족의 생계에까지 영향을 미친다.

기자는 사실을 그대로 취재하는 것도 중요하다. 그러나 기업을 죽이는 것보다 살리는 것이 경제기자가 해야 할 일이라고 생각했다. 전문가인 의사가 국민건강에 위해하지 않는다고 하는데 굳이 사실보도를 해서 특종을 한들 무슨 의미가 있겠느냐는 생각이 들었다.

이런 가운데 이 회사는 마약성분을 빼고 다시 제조허가를 받아 그 품목에 있어 1위 자리를 지켜나가고 있다. 회사는 점차 성장해서 올해 상반기 영업이익률이 17.6%로 제약사 가운데 가장 높은 실적을 보이고 있으며, 연간 매출액 2천억원대의 제약업계 15위권을 달리고 있다.

말년을 내 직장에서 글을 쓰며

우리 집 거실에는 고바우 만화가 김성환 화백이 써 준 '지족상락'(知足常樂)이라는 판화가 걸려있다. 욕심 부리지 않고 현실에 만족하면 항상 즐겁다는 뜻이다. 욕심이 과하면 반드시 화를 입게 된 다는 것은 나 자신으로부터도, 혹은 주위사람들을 보고 체득했다. 뒤늦게 깨달았지만 이 말만은 불변의 진리인 것 같다. 앞으로도 이 말을 좌우명으로 삼고 마음을 비우고 욕심내지 않고 살아갈 것이다.

  이 글의 제목을 '나는 죽을 때까지 기자다'라고 이름을 붙였지만 실제 내용은 내가 걸어온 이야기의 일부를 쓴 하나의 잡기에 불과하다. 그러나 분명한 사실은 내가 적을 두고 있는 '메디팜헬스뉴스'에서 일주일에 한 두번은 기자간담회에 나가서 질문을 하기도 하고, 기사와 사진을 찍어 전송도 하고 있으며, 내 직장에서 죽을 때까지 글을 쓰려고 하기 때문이다.

제1장

태어나서 기자가 되기까지

내가 태어난 곳 주암(舟岩)마을

나는 우리나라가 일본으로부터 해방이 되던 해인 1945년 음력 12월 1일 전라북도 완주군 운주면 산북리 주암(舟岩 : 배바우)이라는 한 산골마을에서 아버지 김안수(金雁洙)씨와 어머니 유지선(柳志善)씨 사이에서 장남으로 태어났다. 아버지는 광산(光山)김씨이고, 어머니는 문화(文化)유씨다.

운주면 산북리 주암이란 곳은 충남 논산군 양촌면, 그리고 충남 금산군 진산면과 접해있는 곳이다. 이곳은 남한의 금강산이라는 대둔산이 산북리에 속해있으며, 뛰어난 산세를 자랑하고 있다.

산이 이렇게 수려하다 보니 서울, 대전, 전주 등 전국의 대도시로부터 많은 사람들이 몰려와 토요일과 일요일에는 등산객 및 관광객들로 북새통을 이룬다.

내가 초등학교 4학년 때 이곳 대둔산 정상을 지나 태고사라는 절까지 소풍을 간 적이 있다. 그러나 그때는 우리 마을이 그렇게 경치가 빼어난 곳이라고는 느끼지 못했다. 다른 유명한 산을 구경하지 못했으니 '모든 산이 다 그렇겠지' 하고 생각했을 뿐이다.

이러한 산이 30여 년 전부터 개발되기 시작했고 이곳에 땅깨나 가진 사람들은 벼락부자가 되었다느니 하는 말도 들려온다.

인접해 있는 충남 금산군 진산면은 알려진 대로 우리나라 최대의 인삼재배지인 금산군에 속한 면이다. 금산군 어디를 가나 인삼을 심어놓은 삼장을 쉽게 찾아볼 수 있다. 특히 진산이란 곳은 우리나라의 야당 정치거목이라고 할 수 있는 고 유진산씨가 태어난 고장이기도 하다.

유진산씨는 본래 이름이 '유영필'이었다고 한다. 진산이란 이름은 그의 아호였다고 한다. 그러나 아호가 더 마음에 들었던지 이름을 아예 자기가 태어난 진산이라는 이름으로 바꿔 버렸다고 한다. 그가 얼마만큼 자신의 고향을 사랑했는가를 짐작할 수 있다.

우리고향 운주면도 토질이 이웃 진산면과 같아서인지 곳곳에 인삼밭을 쉽게 찾아볼 수 있다. 인삼을 캐고 나서 10여년이 지나면 같은 밭에 다시 인삼을 재배하기도 한다. 나도 아버지로부터 물려받은 밭이 관광지인 대둔산 자락에 400여 평이 있는데 동네사람들이 두 번을 경작했다.

원래 금산군은 전라북도였는데 박정희 대통령 시절 이 지역의 길재호라는 국회의원이 충청남도로 편입시켜버렸다. 내가 이곳에 있는 산북국민학교에 다닐 적에는 우리 마을에서 진산이 한 20여리 떨어진 곳이었지만 초등학교 선배들이 진산중학에 진학을 해서 다녔다. 우리 마을에서 진산까지 가려면 상당히 높은 산 고개를 걸어서 넘어가야 했다. 이젠 교통이 발달하여 시간단위로 버스가 다니는 참으로 편한 세상이 됐다. 그 당시 어린 중학생들이 그 먼 길을 통학을 위해 왕복 40 리길을 걸어 다니던 것을 생각하면 참으로 대견스러웠다는 느낌이 든다.

운주면과 맞닿은 또 한곳은 충남 논산군 양촌면이다. 이 곳은 논산군 연산면 및 가야곡면과 인접한 곳으로 우리 고향인 운주면과 비교하면들이 펼쳐져 있고, 그래도 사람 살만한 곳이라는 말을 어른들로부터 들은 기억이 난다. 지리적으로 우리고향과 가깝다보니 이곳에 사는 사람들과 혼사를 맺은 사람들이 꽤 많은 편이다. 나의 작은 어머니도 이곳 양촌 출신이고, 그 외에도 많은 여성들이 우리고향의 남성들과 결혼을 맺었다.

논농사와 함께 산딸기, 취나물 등 특산물을 재배하여 농가부업으로 수익을 올리고 있는 이 곳은 서울 영등포에 김안과병원, 그리고 대전 건양대학병원, 충남 논산에 있는 건양대학교 설립자이기도 한 김희수씨가 태어난 고장이기도 하다.

한 척의 배와 같은 모양이라서 마을이름이 주암

이젠 다시 돌아와서 나의 동네 배바우(舟岩)이야기를 해야겠다. 동네 앞을 마주한 산 앞에 냇물이 흐르고, 냇물 앞에는 동산이 있는데, 이 동산이 주로 바위와 나무로 이루어져 있으며, 마치 냇물을 가로지르는 한 척의 배와 같다고 해서 주암이라고 이름을 붙였다고 한다.

약 50여 가구가 옹기종기 모여 사는 이 동네는 경관이 참으로 수려하다. 동네 전체가 하나의 병풍으로 둘러싸여 있는 것처럼 아름답다. 동서남북으로 산으로 둘러싸이고, 보인다는 것은 하늘뿐이다. 여름이면 외지사람들이 와서 텐트를 치고 야영을 하기도 한다. 판소리의 대가 오정숙씨가 이곳에 집을 지어놓고 문하생을 지도하고 있다.

산촌이다 보니 이렇다 할 큰 논은 찾아보기 힘들다. 주로 냇물 아니면 비에 의존하는 전형적인 천수답이다.

인삼의 고장 금산군과 인접한 이곳은 토질이 인삼농사에 적합하다. 어느 농가 할 것 없이 밭이 있으면 예외 없이 삼을 심는다. 몇 년 걸러 같은 밭에 두 번에 걸쳐 인삼을 심는 사람도 있다.

이와 함께 이곳은 감의 고장이기도 하다. 비옥한 논이 없다보니 인삼이나 감은 이곳 사람들에게 큰 수입원이 되고 있다.

이밖에도 대추, 밤 등 각종 과일과 고추, 마늘 등 밭작물이 잘 되는 토양을 갖추고 있다.

내가 어릴 때 우리 집은 운주면에서는 제일 큰 부자라는 말을 들었다. 할아버지(김재석)가 열심히 일해서 돈을 모아 여기저기 땅을 사놓았기 때문이다. 1000석지기 부자였다고 한다. 좋은 논이 있다면 완주군 운주면 일대는 물론이고 이웃해 있는 충청남도 금산군 진산면이나, 복수면에도 땅을 사서 남에게 부치도록 했다. 자유당시절 농림부장관이었던 조봉암씨가 소작농을 자작농으로 전환하면서, 많은 소작농을 가지고 있었던 할아버지는 많은 땅을 내놓게 되었다고 한다.

물에 떠 있는 배 모양을 닮아 배바우라 불린다.

나의 아버지

아버지는 내가 여섯 살 때 교통사고로 돌아가셨다.

아버지는 당시 나무를 싣고 달리는 군인차를 불러 세우려다 불의의 사고를 당했다. 일행을 다 태우고 가기 위해서였다.

아버지는 키가 180센티에 잘 생긴 호남이어서 동네 사람들한테 인기였다고 한다. 인정이 많아 없는 사람들을 도와줄 뿐만 아니라 인격적으로 훌륭한 분이었다고 한다. 1924년생이니까 지금 살아계시면 102세다.

아버지가 돌아가셨을 때 할아버지는 눈물을 보이시지 않으시다가, 할아버지 집에서 한 1백 미터 떨어진 우리 집까지 오시면서 오열하시는 것을 나는 보았다. 그리고 지금도 기억한다. "나쁜 놈!"이라고 통곡하면서 우시던 할아버지의 모습이 지금도 선하다. 할아버지가 돌아가신 아버지를 나쁜 놈이라고 한 것은 그럴만한 이유가 있어서였다. 아버지는 3남 6녀 가운데 장남이다. 할아버지는 면내에서 제일의 부자이다 보니 집안재정에서부터 모든 일을 아버지와 상의해서 처리했다고 힌다. 할아버지의 대를 물려받아 가문을 일으킬 사람으로 기대가 컸는데, 30대의 새파란 나이에 죽었으니, 얼마나 가슴이 아프고 한이 맺혔겠는가.

아버지는 한국전쟁(6.25사변)전 경찰에 근무한 적이 있다. 한국전쟁이 끝나고 나서는 동네에서 이장 일을 보면서 지냈다.

동네사람들 이야기로는 술 좋아하고, 여자 좋아하고, 노름 좋아하고

50년대 남원 주천지서에 근무한 부친 (뒷줄 중앙)

흔히 말하는 한량이었다고 한다. 그리고 힘도 세고, 인정이 많고 사람들을 좋아했다고 한다. 그러다보니 아버지를 따르는 동네의 선후배들이 많았다. 아버지는 전라북도 남원에서 경찰에 근무하면서 둘째 부인을 얻었다. 둘째부인에서 태어난 여동생은 2남 1녀를 잘 키워 모두 출가시켰다.

힘이 얼마나 센지 쌀 한 가마니는 두 손으로 거뜬히 들어 옮겼다고 한다. 아버지는 할아버지 몰래 동네사람들과 함께 집에 들어가 창고에 가득한 쌀가마니를 꺼내와 가난한 사람들에게 풀어주기도 했다. 그리고 땅속 항아리에 묻어놓은 돈을 일부 꺼내와 역시 가난한 사람들에게 나눠주었다고 한다. 한마디로 인정 많은 사나이였다는 것.

이러한 아버지가 돌아가셨으니 동네사람들은 "광산김씨를 지켜갈 사람이 사라졌다"고 하는 말을 어린 나도 수없이 들었다.

나의 어머니

아버지가 돌아가시고, 어머니의 고생이 시작되었다. 1925년으로 살아계시면 현재 101세이시다. 나에게는 여동생이 한명 있었는데 홍역을 이겨내지 못하고 어린 나이에 죽고 말았다. 남편을 잃고, 설상가상으로 어린 딸까지 잃었으니 어머니의 상심은 이루 말할 수 없었을 것이다. 어머니는 충남 논산군 연산면에서 이곳 전라도로 시집와서 일을 못한다하여 할머니로부터 매우 고된 시집살이를 했다. 시집오기 전에 회사에 다니셨다고 한다. 그러니 가사 일을 제대로 할 수 없었던 것. 어머니는 한글은 물론이고 한자, 그리고 기본적인 산수를 알고 계셨다. 어머니는 자신의 자식이 다른 학생에게 뒤질세라 시간 나는 대로 나에게 국어, 산수 등 개인지도를 해주셨다.

어머니는 아버지의 3년상이 끝나고 개가하셨다. 어머니는 상황이 좋지 않았던지 나를 데리고 가지 않았다. 당시 초등학교 2학년이던 나는 어머니 없는 서러움을 톡톡히 맛보아야 했다. 말이 학생이지, 학교 수업에 매달리지 못하고 조그만 지게를 만들어 땔감 나무나 소의 꼴을 베어 와야 했다. 나무를 하다 실수로 낫에 손을 벤 흉터는 지금도 내 손가락 구석구석에 남아있다.

할머니는 물론 할아버지도 매우 엄격한 분이라 혹독하게 일을 시켰다. 한겨울에도 할아버지는 마낭 옆으로 흐르는 냇가에서 세수를 하게 했다. 그리고 밥 한 톨이라도 남기면 야단을 치셨다. 면내 제일 부자가 되기까지 이러한 검약정신이 몸에 배어 있었기에 가능했을 것이다.

나는 제대로 공부다운 공부를 하지 못한 채 5학년이 되었다. 이 때 어머니가 나를 데리러 오셨다. 어머니를 따라 부산에 가서 초등학교에 전학했고, 다시 중학교에 진학하고, 그리고 고등학교까지 마쳤다.

중앙대학교 신문방송대학원 수료식 (오른쪽이 모친 유지선)

어머니와의 사이에 이복동생 둘을 낳은 의부는 나를 친자식 이상으로 대해주셨다. 함경남도 북청이 고향으로 이남으로 피난을 오셔서 부산에 정착한 것이다. 내가 부산에 처음 왔을 때는 범천동에 있는 판잣집이었다. 6.25전쟁이 끝난지 몇 년이 안 지났기 때문에 사람들의 생활은 매우 궁핍했다. 범천동 뿐만 아니라 부산일대가 판잣집으로 둘러싸인 느낌을 주었다. 지금으로부터 약 65년 전의 부산모습이다. 특히 부산은 산자락에 일반서민들의 집이 빼곡히 들어서 있었다. 외국인이 배를 타고 밤에 한국에 도착한 후 첫마디가 "부산에는 높은 빌딩이 이렇게 많은 줄 몰랐다"고 한다. 그런데 하룻밤을 지내고 다음에 일어나보니 그 많은 빌딩들은 온데간데없고 판잣집이 가득 차 있다는 것. 밤에 전기불이 켜져 있는 산자락의 수많은 판잣집들의 모습이 외국인의 눈에는 꼭 빌딩처럼 보였던 모양이다.

나의 학창생활

시골에서 부산으로 전학 온 나는 초등학교에서 공부를 제대로 하지 못했기 때문에 부산 배정중학교에 입학하고서도 급우들을 따라가기가 힘들었다. 과목마다 이해를 제대로 못하니 공부가 재미있을 리가 없었다. 좋아하는 과목이 있다면 특활(특별활동)선생님의 재미있는 시사이야기, 그리고 역사 선생님의 조선왕조 이야기, 한자공부 등 학업진도와는 무관한 과목들이었다.

내가 살던 범일동 주변에는 금성극장과 삼일극장이 있었다. 배정중고등학교 교문입구에 자리 잡은 우리 집은 구멍가게를 하고 있었다. 어머니가 가게를 지키고 있었으나, 어머니가 부재중일 때는 내가 대신 가게 일을 거들었다. 그러다보니 공부에 흥미를 잃은 나는 재미있는 영화가 상영된다는 소문을 들으면 빠지지 않고 극장에 갔다. 지금 생각해보면 그 때 본 영화를 통해서 감수성이 발달하고, 좀 더 넓은 세계를 접하지 않았나 생각된다.

그런 가운데서도 중학교 3년 동안 정근상을 받았다. 그렇게 재미없는 공부를 이렇다 할 결석도 없이 참아가며 어떻게 3년을 버텨냈는지 스스로 생각해도 대견스럽다. 이는 그렇게 성격이 모나지 않은 나의 천성일 것이라 생각된다.

중학을 졸업하고 모든 급우들이 고등학교에 들어갔지만 따라갈 수 없는 수업을 감당하기 어려워 진학을 포기했다. 대신 공부 잘하는 이웃 친구로부터 중학과정 수학, 영어를 배우기도 하고, 사설 영수학원에 등록, 수강을 하다 보니 하나 둘 아는 재미가 있어 공부에 흥미를 얻게 되었다. 안현필 교수가 지은 영어실력기초란 책은 몇 번을 수강하다보니 거의 외울 정도가 되기도 했다.

어느 정도 실력을 쌓은 나는 내가 원하는 고등학교 시험에 합격했으나 등록금을 기일 내에 납부하지 못했다는 이유로 입학을 허락하지 않았다.

가정형편상 뒤늦게 부산 가야고등학교 야간부에 진학했다. 고등학교 생활은 학교공부보다 학원공부에 치중하며, 나름대로 열심히 한 것으로 기억된다.

나의 군대생활

당시 나는 호적상 독자로 되어있어 군입대 면제를 받을 수 있었으나 간부후보생 시험을 거쳐 보병학교에 들어갔다. 졸업 몇 개월을 앞두고 구보를 하다 쓰러져 광주에 있는 육군병원에 입원, 육군하사로 전방부대로 배치됐다. 강원도 화천군 사창리에 자리 잡은 이기자부대라는 교육사단이었다. 사창리는 얼마나 추운지 '강원도 냉장고'라는 별명이 붙은 곳이다. 겨울에 소변을 보면 바로 소변이 얼어붙을 정도로 추웠다. 사단산하 연대에 근무하던 나는 사단 직할 유격대가 창설되면서 이곳으로 차출명령을 받아 교육계로 근무했다.

교육계가 하는 일은 중대별로 사단 내 전 장병의 유격훈련 스케줄을 짜고, 어느 중대, 어느 대대, 어느 연대가 훈련성적이 좋은지 점수를 매겨 발표하는 것이다.

나는 교육계를 맡다보니 많은 사병, 많은 장교들을 만날 수 있었으며, 그들의 사정도 들을 수 있었다.

얼마 후 나는 연대 정보과를 거쳐, 사단 작전처로 발령을 받았다. 두 곳 모두 유격대 교육계를 맡고 있을 때 인연을 맺었던 분들이 나를 스카우트해갔다. 연대 정보과에서도 편하게 있었으나, 연대 작전과장인 박 대위라는 분이 그래도 연대보다는 사단 사령부에서 근무하는 것이 좋지 않겠느냐며, 나를 차출해간 것이다. 이렇게 나는 인연을 맺은 사람들의 인덕으로 일이 잘 풀리고, 군대생활도 재미있게 했다.

사단사령부 작전처 근무 당시 인연을 맺은 사람가운데는 임용만씨라는 사람이 있다. 그는 공무원생활을 하다 나이가 들어 군에 입대, 병장으로 제대했다. 그는 청계산 주위에서 가축을 기르고, 농사를 지으며 생활하다가 최근에 경기도 이천으로 이사 가서 20여 마리의 소를 기르고, 농사를 지으며 생활하고 있다.

또 한 사람은 군 작전처 근무 당시 소령으로서 작전보좌관으로 근무했던 이용수라는 분이다. 그는 이기자부대에서 월남에 파병, 전두환 전 대통령이 연대장으로 근무할 당시 연대 작전주임으로 복무하면서 많은 전공을 세웠다. 그는 월남에서 복무하는 동안 부친이 돌아가셨다. 이 분은 내가 제대하고 한국경제신문에 기자로 근무할 당시 육군 준장으로 진급, 합참에 근무하고 있었다. 그는 이후 소장으로 진급, 7군단 부군단장으로 복무하다가 예편했다. 합참에 근무할 때, 또는 부군단장으로 근무할 때 내가 초청하기도 하고, 혹은 이용수장군이 초청을 해 임용만씨와 함께 가끔 식사를 하면서 옛날 군대생활 이야기를 나누기도 했다.

제 2 장
4개 신문사를 전전하며

첫 직장이 합판회사

제대한 후 한일합섬이라는 회사에 응시해 필기시험에 합격했으나, 면접에서 낙방하고 말았다. 나는 노동일을 필요로 하는 동명목재에 입사해서 한 달간 일을 하다 다시 어머니 부탁으로 성창합판 검사부에 들어갔다. 말이 검사부지 실제 하는 일은 합판이 나오면 노란색은 옐로우, 흰색은 화이트, 붉은 색은 레드라고 백묵으로 표시하는 노동일이었다.

몇 개월 동안 검사부에서 일을 하고 있는 가운데 한국일보에 본사 공무국사원을 뽑는다는 기사가 실렸다. 나는 서울에 와서 한국일보 공무국입사 시험을 치르고 부산으로 돌아온 며 칠 후 합격통지서를 받았다. 성창합판의 동료에게 나의 진로를 어떻게 하는 것이 좋겠느냐고 물으니까 아무래도 한국일보에 가서 근무하는 것이 좋겠다고 권한다.

나는 한국일보 공무국 문선부의 견습 사원으로 발령을 받았다. 열심히 일했다. 한 6개월 정도 지나자 일요신문이라는 곳에서 정식사원 스카우트 제의가 들어와 근무처를 옮겼다.

일요신문에 근무하는 동안 이번에는 신아일보사에서 스카우트제의가 들어왔다. 나를 소개한 사람은 한국일보에 근무할 당시 나를 눈여겨봤던 사람들이 일요신문이나, 신아일보에 추천한 것이다.

나는 일요신문과 신아일보에 근무하는 동안 사설학원에 다니면서 일본어공부를 열심히 했다. 신아일보의 문선부에 근무하는 중에도 편집국 기자들이 일본신문이나 리더스다이제스트를 가지고 와 나한테 번역을 해달라는 것이었다. 나는 내가 아는 대로 최선을 다해 번역해 주었다.

교열부기자로 발령받아

내가 기자가 된 데는 나름대로의 사연이 있다. 나는 신아일보 문선부에 다닐 당시 청와대 근처 통인동에서 전세를 얻어 살고 있었다. 식사는 주로 음식점에서 해결했다. 집주인 아주머니의 남동생이 김용찬씨다. 그는 나와 같은 광산 김씨다. 그는 교통사고로 다리가 잘려 지팡이를 짚고 다녔다. 나보다 나이가 여러 살 위인 그는 내방에서 TV를 보면서 세상 돌아가는 이야기 등 많은 이야기를 나누기도 했다. 그는 자신의 형이 김용진 교수로 당시 서울음대 학장으로 재직 중이었다. 그는 자신의 형과 신아일보 주필인 임승준씨가 대전고등학교 동창으로 친하다는 것을 알려주었다.

나는 그에게 김용진 학장을 통해 임승준 주필에게 부탁해서 교정부기자로 일하게 해달라고 부탁했다. 김용진 학장은 임승준 주필에게 내가 자신의 동생이라고 소개하고 교정부기자로 근무하는데 손색이 없으니 채용해달라고 부탁했다고 한다.

임승준 주필은 국장들을 소집, 나를 기자로 발령 내기 위해 의견을 물었다고 한다. 사업국장, 광고국장, 공무국장, 총무국장 등 모든 국장들이 찬성을 했으나 교정부의 주무국장인 편집국장만은 반대했다고 한다. 아마 편집국 기자는 거의 4년제 대학을 나와야 하며, 공개시험을 거쳐 기자가 되는 등 공무국출신인 나를 채용하면 편집국의 위신이 서지 않는다고 판단했기 때문일 것이다. 그러나 다수결로 결정하다보니 편집국장이 수락하지 않을 수 없었다. 이에 따라 나는 편집국 교정부로 발령을 받았다. 내가 기자가 된 데는 김용찬씨의 배려와 노력이 절대적인 뒷받침을 했던 것이다. 참으로 평생을 두고 못 잊을 사람이다.

교정부에서 열심히 일했다. 교정부로 발령 나자마자 나의 편집국발령을 반대했던 유승택 편집국장은 나에게 교정일 외에 일본신문이나 리더스다이제스트 등 일본어번역을 맡겼다. 나는 시키는 대로 열심히 했다.

교정부에서 근무를 한지 한 1년이 지나자 김문원 외신부장(국회의원과 의정부시장 역임)은 외신부에 와서 일하자는 제의를 해왔고, 방창순 문화부장은 문화부에 일하자고 권유를 했다. 임승준 주필은 허락했지만, 주무 국장인 유승택 편집국장이 차일피일 미루며 지연시켰다. 담당부장이 나를 필요로 한다는데 보내지 않는 편집국장의 속셈이란 무엇인가. 아마 편집국 발령에서부터 외신부나 문화부발령을 꺼리는 이유는 임승준 주필과의 라이벌의식에서 작용하지 않았나 생각된다.

신아일보에서 조선일보로 옮겨

이런 가운데 신아일보에서 같이 일하다 일찍이 조선일보 교열부로 옮긴 장석훈씨가 조선일보에서 근무하자며, 임병학 조선일보 교열부 부장대리를 소개해주었다. 나는 신아일보에서 취재부서로 가지 못할

조선일보 교열부기자들과 야유회 (앞줄 맨 왼쪽이 필자)

바엔 같은 교정일이라면 월급이라도 많이 받는데서 일하는 게 낫겠다고 판단, 1979년 3월 조선일보 교열부로 옮겼다. 당시 신아일보의 월급이 10만원이었는데 조선일보에서는 20만원을 주었다.

인사발령을 받고 나서 신아일보 유승택 편집국장에게 인사하러 갔더니 취재부서로 발령 낼 테니 조선일보에 가지 말라는 것이었다. 그러나 나는 이미 발령이 났으니 그럴 수 없다고 말하고 다음날부터 조선일보에서 근무하기 시작했다.

조선일보에 근무하면서 삼성그룹의 비서실 경영기획팀에서 근무하는 전상국 과장(뒤에 삼성 증권 이사 및 삼성캐피탈 상무 역임)으로부터 일본어 번역 부탁을 받고 BI(Business Information)라는 삼성그룹 정보지에 많은 글을 실었다. 당시 월급이 20만원이었는데 번역료가 월급을 상회했으니 나에게는 경제적으로 큰 도움이 되었다.

당시만 해도 신문이 8페이지 아니면 12페이지를 발행하던 때였다. 본사에서 근무하는 기자는 대략 100명을 약간 상회할 정도였다. 조선일보는 조간신문이라서 교열부기자가 3교대로 근무를 했다. 1개조는 주간근무, 1개조는 야간근무, 1개조는 야근한 다음날 쉬는 조등 3개조로 돌아갔다.

　주간 근무할 때는 1차는 소주에다 삼겹살, 2차는 마른안주에다 맥주 등 거의 술을 거른 적이 없었다. 한창 30대 후반의 젊은 나이로 혈기왕성했던 때라 술도 많이 마시고 고기도 많이 먹었다.

　내가 조선일보에 근무하는 동안 세 분의 편집국장이 바뀌었다. 입사할 때 편집국장은 신동호씨였다. 그는 조선일보부사장을 거쳐 스포츠조선사장을 역임한 바 있다. 다음으로 부국장 이던 김용태씨가 편집국장으로 승진했다. 그는 국회의원과 내무부장관, 청와대비서실장을 역임했다. 세 번째 편집국장이 최병렬씨다. 그는 청와대정무수석, 공보처장관, 노동부장관, 서울시장, 한나라당 대표를 역임했다.

한국경제에서 일본 와세다대학 유학

　조선일보에서 3년을 근무한 나는 한국경제로 옮겼다. 이때 나는 중앙대학교 신문방송대학원에 입학, 1년간의 주경야독생활을 했다. 당시 중앙대학교 신문방송대학원생가운데는 현직 언론인들이 많았다. 신문이나 방송사의 나이 지긋한 간부사원도 꽤 많았다.

　나는 재학 중에 한국언론연구원에서 언론인을 대상으로 한 유학시험에 합격, 일본 와세다 대학원에 입학했다. 1년간 체류비, 등록금 등 모든 경비는 한국방송공사에서 대주었다. 정부파견유학생이었다. 한국경제신문의 이규행사장이 쾌히 유학을 허락해주었다.

　나는 아내와 유치원에 다니는 아들, 딸을 데리고 일본 동경에 있는

도쿄에 위치한 와세다 대학교

에도가와쿠 니시가사이라는 곳에 방2칸짜리 아파트를 구입했다. 이곳에 자리 잡은 것은 이곳은 비교적 동경에서 타 지역에 비해 물가가 쌀 뿐만 아니라 와세다 대학에서 전철을 갈아타지 않고 도자이센(東西線)으로 집에까지 갈 수 있기 때문이었다.

  일본어를 제대로 공부하지 못한 집사람은 일본어의 알파벳인 가타가나와 히라가나를 외워서 갔다. 그런데도 기바(木場)에 있는 후카가와 교회에 다니면서 교인들과 어울려 지내면서 불편하지 않을 정도의 일본어실력을 쌓았다.

  일본어를 전혀 모르는 아이들은 후나보리 구립(區立)유치원에 보냈다. 아들과 딸 두아이들은 불과 한 두달도 지나지 않아 우리말을 다 잊어버리고 일본말을 하기 시작했다. 어느 날 와세다학에서 가족소풍을 갔는데 우리아이들은 일본아이들과 말 이어가기를 서슴지 않고 하는 것을 보았다.

  아이들의 머리는 무한(無限)하다고 하는 말을 실감할 수 있었다. 아이들은 귀국 후 불과 한두 달이 지나지 않아 일본말을 완전히 잊어버리고 말았다. 1985년에 일본유학을 갔으니 이제 40년이 가까워온다. 이 아이들이 이젠 성장하여 큰 아들 현중이는 철도공사에 다니던 중 결혼을 했으며, 딸 민정이는 에미레이츠 항공사에 들어가 두바이에서 근무하던 중 삼성전자에 다니는 직원을 만나 결혼, 현지생활을 이어오고 있다.

대학원에 다니면서 통일일보에서 근무

나는 성곡언론재단으로부터 지원을 받아 일본 게이오대학에 1년간 유학을 마치고 온 조선일보 서강화 부국장에게 인사를 드리러 갔다. 그는 대학원은 1주일에 한번 가면 되니 통일일보의 이승목 주필에게 친서를 써줄테니 인사드리고 신문사에서 아르바이트를 하라는 것이었다.

통일일보는 재일거류민단 기관지로서 대판 4면을 발행하는 일본어 일간지였다. 사장은 이영근씨였으며, 주필은 이승목씨였다. 이승목 주필은 동경대 경제학과를 나온 분으로서 재일교포들의 법적지위 및 권익옹호를 위해 부단히 노력하신 분이었다. 직원들은 거의 대부분이 교포 2세였다. 우리말을 하기는 하지만 많이 서툴렀다.

내가 하는 일은 연합통신을 일본어로 번역해서 데스크인 김시문 차장에게 넘겨주는 것이었다. 또 우리나라 일간지에 실린 사설을 엄선, 번역해서 '금일의 논조'라는 란을 메웠다. 처음에는 신문용어로는 어색한 번역이었으나 김시문 차장이 지적한 것을 하나 둘 메모해서 번역하다보니 거의 틀리지 않고 넘어갈 수 있었다.

우리말을 모르는 재일교포들과 일본어로 말하고, 우리나라 신문과 연합통신을 일본어로 번역하는 일은 나에게는 일본어공부에 큰 도움이 되었다.

흔히 우리가 사용하고 있는 노가다(막노동자)라는 말은 도가타(土方)의 잘못된 발음이며, 야도이 샤쵸는 야도와레 샤쵸(고용된 사장)의 잘못된 표기라는 것을 알았다. 일본에서의 유학생활은 살아있는 생생한 일본어공부가 되었다.

통일일보 근무 중에 일본인들과 함께 유럽여행을 갈 수 있는 기회가 있었다. 영국 런던, 프랑스 파리를 거쳐 스위스의 제네바를 다녀왔다.

내가 근무할 1985년 당시 통일일보에는 만화 코주부로 유명한 김용환씨가 신문 삽화를 그리고 있었다. 일본인 부인을 둔 그는 회사로부터 멀리 떨어진 교외에서 출퇴근을 하고 있었다. 그는 댕기를 딴 아가씨가 그네를 뛰는 모습 등 다양한 민화를 그려서 돈 있는 재일교포들에게 비싼 값으로 팔아 생활에 보태 쓰고 있었다.

또 한분은 이석인씨다. 그는 서울신문 출신으로 아사히신문 칼럼에 날카로운 글을 쓴다고 소개될 정도로 유명한 언론인이다. 그의 별명은 이석인(李錫寅)이라는 이름에 범인 자가 들어있어서 '타이거 리'로 부른다.

일본에서의 유학생활은 비교적 재미있었다. 나는 와세다대학원 정치연구과정에 배정받아 수업을 받았다. 지도교수인 이와쿠라 세이이치

(岩倉誠一)교수는 한국의 교수들과도 교류를 맺고 있는 등 한일친선교류에도 한몫을 하는 분이었다.

일본 유학중 한국의 지인인 이관용씨로부터 소개를 받은 재일교포 도미모토 요

와세다대학 총장 니시오카(가운데)와 함께

시오(富本義男)씨는 통일일보 근처인 아카사카에서 부동산업을 하는 사람으로 나에게 일본에 대해 많은 가르침을 주었다.

그는 어려서 대구에서 일본으로 건너와 성공한 사람이다. 재력도 있고, 아들을 잘 길러 동경대 법대에 진학시켜 지금은 일본사회에서 변호사로 근무하고 있다고 한다.

아다카 나오미(安宅直美)라는 일본사람은 한글을 배워서 약간의 한국 인사말을 할 정도로 우리나라에 관심이 많은 사람이다.

나는 한국에 돌아오기 전 후임 기수로 일본에 유학 온 경향신문의 이원장씨(국회의원과 한국방송광고공사 사장역임)에게 아다카씨를 소개시키면서 이 사람을 사귀면 일본어공부에 큰 도움이 될 것이라고 했다.

나는 귀국에 앞서 일본에 유학 온 이원창씨 등 일행 4명에게 내가 살고 있던 집을 물려주고, 동네에 있는 부동산 사장 마쓰모토(松本)씨에게 방을 얻어주라고 부탁했다.

요시다 마리코(吉田眞里子)라는 사람은 독일에서 공부를 하고 온 여성으로서 한국에 관해 관심이 깊었다. 나는 기탄없이 한국에 대해 설명해주었으며, 그는 나에게 일본에 대한 문화, 습관 등 모든 것을 자세히 알려주어 많은 공부가 됐다.

이밖에도 집사람을 교회까지 차로 데려다 준 시라토리(白鳥)내외, 옆에 살며 일본사회에 대해 많은 이야기를 들려준 회사원 구리하라(栗原)씨 등은 잊을 수 없는 사람들이다.

일본에 같이 간 동료기자는 매일경제신문의 김의균씨(현재 자동차산업신문 사장), 연합통신의 이해영씨(현재 연합통신 논설주간), 연합통신의 변용수 씨 등 3명이다.

우리일행은 일본에 유학하는 동안 각자의 집을 번갈아 돌아가며 식사를 하기도 했다. 아지켄(아시아경제연구소)에 유학중인 어윤대 교수(고려대총장을 거쳐 국민은행 회장 역임)도 같이 참석, 식사를 나누기도 했다.

귀국해서 체육부로 발령받아

나는 1986년 1월 1년간의 일본유학을 마치고 가족과 함께 귀국했다. 한국경제신문에서는 나를 체육부차장으로 발령을 냈다.

다시 경제해설부에서 근무를 하다가 유통경제부로 발령을 받았다. 유통경제부로 인사발령을 해준 분은 당시 박용정편집부국장이었다. 박부국장은 산업부장을 거쳐 부국장이 되었으며, 편집국장과 사장을 역임한 분이다. 사장을 마치고 위암으로 고생하다가 돌아가셨다. 이분은 신아일보 경제부출신으로 국내 기자들 가운데 재계 인사들을 가장 많이 아는 기자로 알려졌다.

내가 처음 취재를 맡은 곳은 화장품업계였다. 화장품업계기자로 근무할 당시 '화장품의 이중 유통구조 문제 있다'는 기사를 썼더니 다음날 아침 동아일보에서 발행하는 '멋'이라는 잡지사의 데스크로부터 전화가 걸려왔다. 이 글을 좀 더 심층적으로 잡지스타일에 맞게 써달라는 것이었다. 1987년 7월로 기억된다. 내가 써준 기사는 그 잡지의 톱기사로 장식되었다. 화장품 T메이커의 회장은 이 기사를 읽고 홍보실 직원들에게 왜 기자가 이런 글을 쓰는 것을 막지 못했느냐며 심한 질책을 했다는 소리를 H화장품메이커의 홍보부장으로부터 들었다.

기사내용은 유통구조가 방문판매와 할인코너의 2중구조로 되어있어 똑같은 화장품이 방문 판매에서 구입하는 것이 할인코너에서 구입하는 것보다 많게는 30-40% 비싸다는 것이었다. 그러므로 소비자에게 혼란을 주는 이런 2중의 유통구조는 정책당국에서 하루빨리 정리해야 된다는 내용이었다.

당시 T메이커는 방문판매로 톡톡히 재미를 보고 있었는데 이런 기사가 실렸으니 오너입장에서는 대노할 수밖에 없었을 것으로 생각된다.

나는 다시 제약업계를 맡아 제약사를 돌아다니며 취재를 했다. 제약회사는 화장품회사보다 훨씬 많다. 제약사 취재를 하면서 빠질 수 없

한국제약협회 출입기자 취재 (왼쪽 필자, 가운데 강신호 협회장)

는 사건이 있었다. 두 통약으로 제일 선두를 달리는 S사가 이 약에 마약성분을 넣어 보사부로부터 제조정지처분을 당한 것이다. 당시 정보는 나만 알고 있었다. 보사부에 확인한 결과 사실이었다. 보사부에서도 발표를 하면 경제에 미치는 영향이 크므로 해당사에만 조치를 하라고 하달한 것으로 생각된다. 나는 S사 회장에게 사실유무를 알아보기 위해 전화를 걸었다. 그는 상기된 표정으로 나를 찾아왔다. 나는 두통약에 마약성분이 들어간 것이 사실이냐고 묻자 그는 사실이라고 했다. 국민건강에 위해 하지 않느냐고 물으니까 그는 전혀 위해하지 않다고 했다. 나는 마약성분이 위해한지 아니한지 대학병원의 교수를 찾아가 물어보았다. 그는 위해하지 않다고 했다. 우리나라 약사법에 의해 마약성분을 넣지 못하게 하는 것이지, 스위스 같은 나라에서는 마약성분 함유를 허용한다는 것이었다.

기자가 있는 사실을 그대로 썼을 때 그 회사에 미치는 영향은 심대할 것이다. S제약사는 계열사를 3개를 둔 회사로서 종업원이 500명이었으며, 딸린 가족까지 합치면 2,000명이나 된다. 주력상품이 무너지면 가족의 생계에까지 영향을 미친다. 기자란 있는 사실을 그대로 취재하는 것도 중요하다. 그러나 기업을 죽이는 것보다 기업을 살리는 것도 기자가 해야 할 일이라고 생각했다. 전문가가 국민건강에 위해하지 않다고 하는데 굳이 사실보도를 해서 특종을 한들 무슨

보사부 출입기자 당시 뉴질랜드 여행 시진 (왼쪽 필자)

의미가 있겠느냐는 생각이 들었다. 이런 가운데 이 회사는 마약성분을 빼고 다시 제조허가를 받아 그 품목에 있어서는 1위 자리를 지켜나갔다.

내외경제신문으로 옮겨

한국경제신문에서 차장으로 제약업계를 맡아 일하고 있을 당시 윤용호 부국장을 만났다. 그는 대농그룹의 박용학회장이 복간하는 내외경제신문의 편집국장으로 내정되어 있었다. 그는 나에게 한국경제신문에서 근무하는 것보다 내외경제에서 근무하면 취재영역이 넓어질 테니 같이 가자는 것이었다.

나는 다시 도전해보겠다는 생각으로 8년간의 한국경제신문을 떠나 내외경제신문으로 자리를 옮겼다. 아무래도 복간한 신문으로서 여러 가지 열악한 점이 있었지만 제약업계도 나가면서 보사부출입도 할 수 있었다.

이밖에도 주류업계, 중소시멘트업계, 도자기업계, 합판업계, 중소기업진흥공단 등 많은 업종을 맡으면서 취재를 하러 열심히 돌아다녔다.

특히 대전엑스포박람회가 열리는 동안에는 일간지 일본어신문책임을 맡아 열심히 뛰었다. 당시 대전엑스포 교육위원장을 맡은 이대순씨(민정당 원내총무와 체신부장관 역임)와 가까워질 수 있는 계기가 되기도 했다.

오명 대전엑스포조직위원장은 자신이 차관으로 있을 때 장관으로 있던 이대순씨에게 교육 위원장을 맡아달라고 요청, 그 자리에 앉게 된 것이다.

이대순씨는 전국에 있는 초중고등학생에게 대전엑스포특집을 발행, 무료로 배포하기 위해 나에게 편집과 함께 광고를 유치해줄 것을 권유했다. 나는 그의 말을 거역하지 않고 쾌히 따라주었다. 내가 아는 회사의 홍보이사를 찾아가 도움을 요청하기도 했다. 물론 이대순씨가 직접 전화를 걸어 내가 대기업의 회장을 인터뷰하게 해주는 등 많은 도움을 준 것도 사실이다.

대표적인 것이 강진구 삼성전자 회장이다. 강회장은 나에게 삼성전자 회장이 되기까지의 과정과 창업주 이병철씨와의 관계 등 무려 2시간에 걸쳐 많은 이야기를 들려주었다.

또 이용태 삼보컴퓨터회장은 자신이 컴퓨터회사를 만들기까지의 일화 등 많은 이야기를 들려주었다. 자신이 생각할 때 컴퓨터는 TV보다 구조가 복잡하지 않아서 그렇게 비싸야 할 이유가 없다는 것이었다.

나는 엑스포 신문특집 편집과 함께 광고를 무난히 유치해 기일 내에 신문제작을 완료, 전국의 초중고에 무난히 배포할 수 있었다.

제 3 장
신문사를 나와서

일선기자에서 물러나 출판사 기획실장으로

대전엑스포에서 나와 함께 사진기자로 함께 뛰던 김병원 차장이 내외경제신문을 그만 두고 '삶과 꿈'이라는 출판사로 옮겨 사진부장으로 일하고 있었다. 그는 나에게 자신이 근무하는 출판사가 신문사 못지않은 대접을 해주니 차라리 출판사에 와서 편집장을 맡는 것이 어떻겠느냐는 것이었다.

'삶과 꿈'은 조선일보 편집국장과 대우전자사장을 역임한 김용원씨가 오너로 있는 회사다. 그는 대우를 떠나면서 대우전자에 납품하던 월간 교양잡지 '삶과 꿈'을 갖고 나왔다. 한달에 50만부를 찍어 대우전자에 납품하고 있었다. 또 회원들에게 배포하는 '천리안'이라는 소식지도 40여 만부를 찍어 데이콤에 납품하고 있었으며, 한국생산성본부에서 발행하는 '기업경영'이라는 경영 잡지의 편집에서부터 제작까지 맡아 하는 등 전 사원들이 매우 바쁘게 일하고 있었다.

이밖에도 삼성의료기기회사의 사보 등 다수의 사내외보를 제작, 납품하고 있었으며, 단행본도 매일 한 권 이상의 책을 발행했다.

이 출판사는 직원 외에 연세대 음대출신인 김용원 회장의 부인 신갑순씨가 합창단을 운영, 연간 몇 회의 공연을 하기도 했다.

김병원씨는 나에게 대전엑스포에서 가까워진 이대순씨에게 '삶과 꿈'에서 일하고 싶다고 하면 그가 김용원씨의 서울법대 선배이니 쉽게 풀릴 것이라고 했다.

김병원씨가 시키는 대로 이대순씨에게 전화를 걸어 사정을 이야기

했더니 얼마 후 김용원 회장에게 이야기 해놓았으니 찾아가보라는 것이었다. 김용원 회장을 찾아갔더니 나의 이력을 보고 일본어서적을 수입해 국내에 판매하려고 하니 이 사업의 사장을 맡아달라는 것이었다. 나는 이 사업이 과연 채산성이 있는지 타진해보기 위해 교보문고의 일본어서적담당임원을 찾았다. 그는 전혀 채산성이 없으며, 교보문고에서 일본어서적을 들여오는 것은 대형서점으로서 구색보강을 위한 것이라고 했다.

나는 이 임원을 데리고 직접 김용원 회장에게 브리핑하도록 했다. 설명을 들은 김용원 회장은 이 사업을 접기로 했다. 일본어서적수입사업을 하기로 한 것은 대우에서 일했던 한 간부가 권했기 때문이라고 한다. 교보문고의 임원으로부터 일본서적수입에 대한 설명을 들은 김용원 회장이 한동안 그 친구를 멀리했던 것은 물론이다.

김용원 회장은 일본어서적수입사업을 포기하고, 나를 '삶과 꿈'의 기획실장으로 임명했다. 기획실장이란 이 출판사에서의 모든 업무를 관장하는 직책이었다. 나는 회사 전체를 관장하면서 특히 광고유치에 최선을 다했다. 김용원 회장은 내가 하는 일을 지켜보고 마음에 들었는지 나에게 깊은 관심과 함께 많은 배려를 해주었다. 김용원 회장은 외부인사를 만날 때는 항상 나를 불러 소개를 해주었다. 그리고 외부인사와 술을 할 때도 나를 합석시켰다. 사원들을 격려하거나 외부인사를 접대하기 위해 나에게 기업카드를 만들어주었다.

출판사를 떠나 화장품신문사에 취직

'삶과 꿈'은 1997년 말 IMF 경제위기가 다가오면서 재정상태가 어려워졌다. 원청업체가 납품해주던 소식지 등 페이퍼소식지를 없애고, 인터넷소식지로 전환했기 때문이다. 이에 따라 나는 5년간의 출판사 생활을 마치고 이 회사를 떠났다.

회사를 떠나 집에서 쉬고 있었다. 한국경제신문에서 화장품업계담당 기자로 근무하면서 비교적 가깝게 지내는 태평양화학의 신동찬씨(홍보상무역임)가 나를 만나자는 것이었다.

자신이 주간 코스메틱이라는 회사에서 고문으로 일하고 있는데, 와서 도와달라는 것이다. 나는 가지 않겠다고 거절했다. 그러나 그는 수차례에 걸쳐 부탁을 해왔다. 그 때 나는 생각해보았다. 신동찬씨는 나보다 여섯 살이나 많은 나이인데도 저렇게 열심히 살아가는데 내가 무엇이 잘났다고 집에 처박혀 지내야 하는가. 이런 생각이 들자 나는 신동찬씨의 요청을 수락했다.

내가 이 회사의 이규수 회장으로부터 받은 직함은 편집위원이었다. 이왕 이 회사에 발을 들여놓았으니 열심히 하자고 다짐했다. 내가 처음 기획한 것은 화장품업계탐방이라는 기획기사 시리즈였다. 매출액 순서대로 화장품회사의 창업에서부터 오너의 경영철학, 매출액에서 연구개발비가 차지하는 비율, 수출전략, 장학사업, 소외계층을 위한 지원사업, 운동선수 지원 등 기업의 사회환원사업, 10년 후 내지 20년 후의 미래비전 등을 엮어 타블로이드판 2페이지로 내보냈다.

결과는 대성공이었다. 업계로부터 반응이 좋았다. 약 30여 화장품회사를 다룬 뒤 연재를 마쳤다. 나는 한국경제신문에 다닐 때부터 비교적 가까이 지내던 코리아나 화장품의 유상옥 회장을 찾아가 우리 회사에도 광고를 달라고 부탁, 월 400만원 상당의 광고를 유치했다.

이규수회장은 나에게 부사장을 맡아달라고 부탁했다. 이회장은 역사가 오래된 제일미용학원과 함께 미용잡지도 운영했으며, 나는 주간 코스메틱과 미용잡지 등 두 매체의 부사장을 겸임했다.

나는 창간특집을 준비했다. 40개사의 광고를 유치했고, 60페이지의 기사와 함께 100페이지의 주간지를 만들었다. 아마 100페이지 제작은 화장품신문으로서는 처음 있는 일이었다. 주간코스메틱 매출액도 월 약 4천만원으로 점진적으로 나아지고 있었다.

회사가 자리가 잡힐만하자 이번에는 부장이라는 친구가 젊은 기자들을 부추겨 노조를 만들어 가입시키고 각종 처우개선 등 경영진을 압박해왔다. 이 회장은 결국 주간 코스메틱을 한일약품의 부사장출신인 김영걸씨에게 팔아넘겼다. 김영걸씨를 내가 소개했다.

주간코스메틱의 사장으로 취임

회사를 인수한 김영걸씨는 나와 의논 끝에 본인은 회장을, 나는 사장을 맡기로 했다. 사원 조직도 거의 내가 맡아서 했다. 김영걸씨는 오직 나를 믿고 회사를 인수했으니 잘 부탁한다는 말을 잊지 않았다. 그러면서 그는 평생직장으로 만들어 함께 일하자고 했다.

그러던 김영걸 회장은 1년이 지나자 내가 데려온 조희곤 주필을 이렇다 할 이유도 없이 퇴직시켰다.

얼마 지나지 않아 이번에는 역시 내가 데려온 엄

주간코스메틱 사장 취임 후 첫 회의 (필자 가운데)

호섭 사진부 차장을 잘랐다. 내가 '무슨 이유로 그를 자르냐'고 하자, 김영걸 회장은 소나타차를 타고 다니면서 회사일이니 휘발유대를 달라고 한 것이 못마땅했다는 것이다. 회사에 영업차가 있는 것도 아니고 자신의 차를 굴리면서 기름값을 요구하는 것은 당연한 일이 아닌가. 김회장은 전혀 말도 안되는 궁핍한 변명을 늘어놓았다.

이제 어느 정도 신문사 운영에 자신이 생긴 모양이었다. 화장실 갈 때와 화장실을 나올 때가 다르다는 말은 이런 경우를 두고 하는 말일 것이다. 평생을 같이 일하자고 한 사람이 2년도 못간 것이다.

차라리 판권료를 내고 내가 회사를 인수했더라면 이런 꼴은 안 당했을 것을 하는 생각이 들기도 했다. 나는 주간코스메틱을 성장시키는데 부단히 노력해왔다. 회사를 떠나자니 좀 아쉬운 생각도 들었지만 이 사람의 소인배 같은 행동에 더는 견딜 수 없어 회사를 그만두었다. 세상에는 좋은 사람도 많이 있지만 때로는 나쁜 사람도 있게 마련이다.

지인과 같이 공동대표로

주간코스메틱을 그만 두고 집에 있을 때다. 능률협회 전무로 근무한 김수일씨가 자신이 잡지를 만들고, 우량업체를 선정, 상을 주는 회사를 만들 것이니 같이 일하자는 것이었다.

그는 나에게도 출자를 요청, 공동대표로 회사를 차렸다. 경영잡지를 만들어 광고도 많이 게재했다. 한국경영인협회를 만들어 우량기업을 선정, 시상식도 가졌다. 한국경영인협회 회장에는 고병우 전 건설부장관을 모셔왔다. 고장관은 증권거래소 이사장, 동아건설 사장, 서울대 상대동창회장 등을 역임한 분으로서 성격이 온화하다. 그리고 입담도 좋아 이야기도 잘 하는 편이다.

그가 증권거래소 이사장으로 재직할 때의 이야기를 들려주었다. 대통령선거를 앞두고 김대중후보가 증권거래소를 방문, 전문가 이상의 질문을 해 긴장했다는 것이다. 다음에는 김영삼 후보가 방문을 해 브리핑준비를 단단히 해놓았더니 브리핑은 하지 않고 직원들과 악수만 하고 돌아갔다는 것이었다.

김수일 대표는 한국능률협회에서 잔뼈가 굵은 사람으로 능률협회 계열사 사장까지 역임했다. 때문에 많은 재계인사들을 알고 있어 회사 경영에 많은 도움이 됐다.

여약사신문으로 옮겨

나는 이 회사를 그만 두고 여약사신문의 부사장으로 자리를 옮겼다.

내가 여약사신문에 가게 된 동기는 보령제약의 홍보담당 전무인 이갑우씨가 나에게 "형님이 걸어온 길은 제약업계인데 여약사신문에서 일하는 것이 어떻겠느냐"고 제의해왔기 때문이다.

나는 이갑우씨의 소개로 여약사신문의 박성태 사장을 소개받고 이 회사의 부사장으로 일했다. 글을 쓰기도 하고 광고를 유치하러 다녔다. 여약사신문은 여약사들의 권익옹호에 앞장서는 신문이었다. 때문에 한국여약사협회의 행사나 여대약대동문회 소식 등은 놓치지 않고 기사화했다.

뿐만 아니라 동성제약의 설립자 이선규회장의 아호를 딴 송음여약사봉사상 시상제도를 만들어 매월 1명의 모범 여약사를 선정, 전국을 돌며 시상식을 가졌다.

또한 연예인이 찬조 출연하는 여약사 패션쇼행사도 가졌다.

보건신문사장에 취임

나는 보건신문으로부터 스카우트제의를 받고 보건신문사장으로 자리를 옮겼다. 이 신문의 오너는 고려수지침으로 유명한 유태우회장이다.

월급사장자리를 지키기 위해 열심히 뛰었다. 유태우회장도 이런 점은 인정해주었다. 매주 한 번씩 열리는 월요회의에서는 사원들에게 뭔가 자신감을 심어주기 위한 이야기를 많이 들려주었다.

제호가 보건신문이라는 포괄적인 의미를 갖고 있어 제약광고 뿐만 아니라 식품, 화장품광고도 게재하는 것이 이 회사의 전통이었다.

나는 '보건신문의 중장기 개선방향'이라는 보고서를 만들어 회장에 건네줬다. 예컨대 보건 신문의 전체지면을 볼 때 오퍼레이터 한 사람이면 충분할 것을 무려 3명의 오퍼레이터가 일하고 있었다. 이는 적자를 불러오는 직접적인요인이다.

그러나 내가 제출한 보고서는 받아들여지지 않았다. 꼭 1년을 근무하고 회사를 그만뒀다.

다시 여약사신문으로 돌아가

나는 다시 여약사신문으로 돌아가 부사장을 거쳐 사장으로 자리를 옮겼다.

열심히 했지만 회사는 어려웠다. 회사가 어렵다보니 오너는 회사사옥도 동업자에게 넘겨주고 길거리에 있는 조그만 사무실로 옮겼다. 나는 이 회사에서 오랫동안 전무로 일해 온 노재영씨와 함께 회사를 차리기로 약속하고 재입사 1년 만에 회사를 그만두었다.

메디팜헬스뉴스라는 이름으로 인터넷신문 창간

회사를 창립하기에 앞서 의약계의 인터넷신문을 만들기로 했다. 지금까지 이 바닥에서 잔뼈가 굵어왔기 때문이다. 제호는 의료의 뜻인 메디, 제약을 뜻하는 팜, 건강을 뜻하는 헬스를 합쳐 메디팜헬스라고 이름을 지었다.

임시로 있던 고려아카데미 사무실을 처분하고 마포의 가든호텔 건너편에 있는 정우빌딩 318호에 사무실을 마련했다. 한국여의사협회사무실이 우리 사무실과 마주하고 있다.

우리 사무실을 중심으로 주위에는 병원협회, 의사협회, 의료보험공단 등 취재원이 가까이 있다.

회사를 주식회사로 등기를 마쳤다. 2011년 1월 1일 창업식을 갖고, 같은 해 3월 3일 창간 식을 가졌다.

고바우영감 메디팜헬스뉴스 3주년 축하 만화

창업식에는 최병렬 전 한나라당 대표, 안병훈 전 조선일보 발행인, 인보길 전 조선일보 편집국장, 이윤우 의약품수출입협회 회장, 송경태 흥일약업 회장, 김상린 동구제약 부회장, 조용준 동구제약 사장, 윤성태 휴온스 사장, 이항구 알리코제약 사장 등 많은 내빈들이 찾아 와 축하를 해주었다. 특히 붓글씨로 유명한 권상호 선생이 와서 라이브 붓글씨를 시연해 주기도 했다. 또한 많은 사람들이 성금을 보내주기도 하고, 50여개의 축하화분을 보내줬다.

메디팜헬스뉴스는 다음커뮤니케이션과 기사제휴를 맺었다. 메디팜헬스뉴스에 실린 기사는 포털 사이트 다음에서도 찾아볼 수 있다.

노재영전무가 양질의 기사를 많이 실어 방문객은 계속 늘어나고 있다. 월간 독자가 1만명이 넘어선 지가 이미 오래다.

이젠 부탁성광고가 아니라 매체력에 의한 광고유치가 가능하리라고 본다. 그러나 워낙 경기가 얼어붙어서인지 광고유치가 쉽지 않다. 그러나 독자가 점점 늘어나니 광고도 늘어날 것으로 확신한다.

메디팜헬스뉴스도 이젠 창간 15주년을 앞두고 있다. 현재의 편집방향을 유지하면서 특화되고 차별화된 기사를 발굴, 기사를 업그레이드 시켜야 하겠다. 나는 회사 전반을 관리하면서 각종 질병학회, 혹은 국내외 제약사가 주최하는 기자간담회에 참석한다. 보도자료 외에 기사가 될만한 내용이면 사진을 찍어 기사와 함께 내보낸다. 기자들 가운데는 나보다 많은 나이의 기자도 있다.

내 나이 이제 81세다. 동경대 경제학과를 나와 일본에서 '돈벌이의 귀재'로 불린 대만출신의 경제학자 규에이칸은 '나는 죽을 때까지 현역이다'는 저서를 남겼다. 나는 이 사람의 글을 다수 번역해 한국경제신문에 연재하기도 했다.

대표적인 것이 '일본연구'로 이글은 그가 원고를 써오면 내가 번역을 해서 한국경제 1면 박스기사로 연재를 했으며, 연재가 끝나자 한 권의 단행본으로 출판됐다. 이 글은 일본 마이니치신문과 한국경제신문이 동시연재를 했다. 원고를 보내는 저자의 사정에 따라 같은 내용의 원고라도 어떤 때는 한국경제신문이 더 빨리 내보내기도 하고, 어떤 때는 마이니치신문이 더 빨리 게재하기도 했다.

나는 메디팜헬스뉴스라는 신문이 존재하는 한 이 신문 기자로 죽을 때까지 현역이고 싶다. 때문에 나는 죽을 때까지 기자다.

  나는 세상을 살아오면서 많은 사람들을 만나 그들의 도움을 받고 살아왔다. 물론 나에게 마음고생을 준 사람도 있었지만 그런 사람은 극소수였다.

  나이가 들어가면 외로움을 느끼고, 이러한 외로움을 탈피하려면 많은 친구들을 사귀어야 한다. 이제부터는 내 주변사람들과의 관계를 설명하고자 한다.

제 4 장
마라톤으로 건강과 행복을 동시에

마라톤으로 건강 지켜

나는 15년 전 송파마라톤클럽에 가입했다. 나는 다음날부터 체력에 맞게 되도록 서서히 석촌호수를 한 바퀴씩 뛰기 시작했다. 어떤 때는 두 바퀴씩 뛰기도 했다. 집이 송파여성문화 회관 근처이다 보니 집에서부터 뛰기 시작, 석촌호수를 한 바퀴 돌고 집에 도착하면 약 4km, 두 바퀴 돌면 약 6.5km가 되는 셈이다.

나는 마라톤을 시작한 후 2개월 정도 되었을 때 인천대교 준공식 기념 마라톤대회 10km에 출전했다. 2만여 인파가 몰리다보니 반환점인 5km까지는 뛰고, 올 때는 사람들이 뒤엉켜 걸어가는 형국이었다. 아무튼 10km를 완주한 것이다. 이후 마라톤시작 5개월 정도 되었을 때는 기업은행이 주최하는 마라톤대회의 하프코스에 나갔다. 뚝섬공원에서 미사리근처를 돌아오는 대회였다. 반환점을 지나올 때는 셋째 발가락 끝이 땅에 닿을 때마다 가시에 찔린 듯한 통증이 와 걷기도 하고 뛰기도 하면서 돌아왔다. 나는 기록을 의식하지 않고 천천히 돌아왔기에 모든 사람들이 다 왔을 것이라고 생각했다. 그러나 내가 돌아오고 나서도 한참 후에야 32km, 42km(풀코스)에 출전한 사람들이 들어오고 있었다.

비록 다른 사람이 어떻게 평가를 하든 나 자신이 21km를 완주했다는 데 대한 그 자신감에서 오는 희열감은 무엇으로도 표현하기 어려웠다. 그리고 나 자신이 스스로 대견스럽게만 느껴졌다. 이어 미사리 조정경기장에서 팔당대교부근을 돌아오는 MBC-아디다스 마라톤 하프

코스에도 출전, 완주했다.

이젠 마라톤이 생활화되어가고 있다. 시장에 가는데도 걷는 것보다는 뛰는 것이 더 좋다. 목표지점에 순식간에 다다르기 때문이다. 마라톤을 그만두라고 해도 그만두지는 못할 것 같다. 수십 년을 송파에서 살아온 나는 다른 곳으로 이사를 해볼까 하는 생각도 들었으나 마라톤 코스가 있는 석촌호수 주위를 쉽게 떠날 수 없을 것 같다.

나는 마라톤을 시작한 초기에는 관절이 좋지 않아 마라톤은 무리라고 생각, 자양동에 있는 김학윤 정형외과원장의 진단을 받았다. 이 상태에서 과연 마라톤을 하는 것이 좋은지 안 좋은지를 물어보았다. 울트라 마라톤 선수이기도 한 그는 자신의 무릎사진과 필자의 무릎사진을 비교해주면서 필자가 훨씬 양호한 상태라고 한다. 그러니 염려하지 말고 마음 놓고 뛰라는 것이다. 의사의 말에 용기를 얻은 나는 이후부터 석촌호수 달리기를 점차 늘려나갔다. 현재는 3바퀴(7.5km)내지 네바퀴(10km)를 뛰고 있다. 비교적 편안한 자세로 천천히 달린다. 기록에 연연하지 않는다. 숨이 차고 가슴이 답답하다고 느끼면 속도를 줄인다.

마라톤을 시작하기 전에는 양쪽무릎의 관절이 좋지 않다는 의사의 진단을 받았었다. 일종의 퇴행성관절염이었다. 그러나 마라톤시작 6개월이 지난 지금은 퇴행성관절염은 사라졌다. 그리고 78kg이던 몸무게는 70kg으로 8kg이 빠졌다.

50년 전 30대의 조선일보기자 시절 잠실 2단지에 정착하기 시작한 나는 5단지를 거쳐 이 곳 송파동 빈터에 집을 짓고 살아온 지 40년째다. 이제 세월은 흘러 80이 넘은 나이다. 1년이 화살같이 지나간다. 마음은 중년인데 나이는 80대를 넘어가고 있다. 가는 세월이 원망스럽기만 하다. 그러나 어찌하랴, 가는 세월을 잡을 수 없는 것이 하늘의 이치인 것을. 나는 아침 5시에 일어나면 윤전기의 열기가 채 식지도 않은 조선일보를 1시간에 걸쳐 읽는다. 조선경제부터 시작, 다시 A면의 1면부터 끝까지 읽는다. 관심 있는 곳만 본문을 읽고, 나머지는 제목과 캡션만 읽는데도 약 1시간이 걸린다. 그리고 조선일보에서 준 모자를 쓰고, 조선일보에서 준 레포츠시계를 보면서 석촌호수 길을 달린다. 이마에서는 땀방울이 하나 둘씩 뚝뚝 떨어진다. 땀방울은 체중을 줄이고 몸 안에 있는 노폐물을 배출시키는 것이라고 생각하니 몸이 더욱 가벼워지는 것 같다. 송파마라톤클럽과의 만남은 나에게 사막에서 오아시스를 만난 격이라 할 수 있다. 이는 우연이 아닌 하나님의 섭리로 인도했을 것이라 믿는다. 송파 마라톤클럽은 고독의 말년을 보내야 할 나에게 위안과 함께 활력소를 주고 있다. 체력이 유지하는 한 10년 후에도, 그리고 20년 후에도 나는 석촌호수길을 끊임없이 달릴 것이다.

천혜의 마라톤 코스 석촌호수

송파마라톤클럽은 매주 토요일과 일요일 아침, 그리고 목요일 저녁 잠실 석촌호수에서 계절의 변화를 피부로 느끼며, 달리기의 즐거움을 마음껏 향유함과 함께 회원 상호간에 정보교류와 친목을 다져나가는

계절마다 색을 달리하는 석촌호수

모임이라고 할 수 있다. 나는 이 모임의 회원이다.

무엇보다도 마라톤을 통한 육체적인 건강과 함께 회원카페 및 만남을 통해 얻는 정보지식 등으로 정신적 건강을 함께 가져오는 모임이라고 할 수 있다.

잘 조성된 2.5km의 석촌호수길은 마라톤하기에 안성맞춤이다. 한마디로 천혜의 마라톤코스라고 할 수 있다. 그야말로 환상적이다. 길 옆에는 가로등과 함께 약 50m 간격으로 스피커를 달아놓아 팝송과 함께 건전한 음악을 들려줌으로써 고단한 마음을 정서적으로 순화시켜준다. 또 길 양쪽에는 각종 수목과 함께 벚나무 아래로는 철쭉꽃이 이어지고, 호수 가장 자리에는 갈대가 우거져 있다. 호수에는 오리 떼가 물살을 가르며 노닐고 있고, 울긋불긋한 형형색색의 비단잉어들이 무리를 지어 다닌다. 호수 한쪽에서는 롯데월드를 찾은 관람객들이 놀이기구를 타는 짜릿한 맛에 환성을 지르기도 하고, 호수위에서는 관람객들이 뱃놀이를 즐기는 모습을 볼 수 있다. 그뿐이랴. 봄에는 벚꽃이 만개하고, 여름에는 각종 장미들이 향기를 내뿜고, 가을에는 단풍나무들이 붉게 물들어간다. 이 모든 자연들은 송파마라톤회원들의 달리는 발걸음을 한층 가볍게 해준다.

　석촌호수 길은 바닥에 우레탄을 깔아 달리기에 편안할 뿐 아니라 가뿐한 기분을 준다. 마치 푹신한 스펀지 위를 달리는 기분이다.

　회원구성은 남녀구분이 없으며 누구라도 가입할 수 있다. 현재 회원은 정회원, 준회원 등 모두 150여명으로 회사원, 경영인, 의사, 가정주부 등 불특정다수의 회원으로 이루어져 있다. 특히 셋째 일요일에는 정기모임이 있는 날이다. 마라톤과 스트레칭체조가 끝나면 회원 모두가 추어탕집이나 해장국집으로 가 집행부로부터 공지사항을 듣기도 하고 담소를 나누며 식사를 한다. 운동 후의 아침식사는 꿀맛이다.

　재(財)테크 라는 말은 우리가 흔히 들어온 말이다. 그러나 최근에 우(友)테크라는 신조어가 생겨났다. 재테크에 쏟는 시간과 노력의 몇 분의 1이라도 세상 끝까지 함께 할 친구들을 만들고, 확장하고, 엮고, 관리하는 일에 정성을 쏟아야 한다는 것이다.

　우리는 지금까지는 앞만 보고 달려오느라 돈 버는 법에는 혼신의 힘을 쏟아왔지만 친구사귀는 법은 등한시해왔다. 그러나 돈을 가졌다고 마냥 행복한 것만은 아니다. 부와 지위가 정점에 있던 사람들조차 스스로 몰락하는 일을 우리는 최근 몇 년 사이에 적지 않게 보아왔다. 서로를 이해하는 벗이 없다면 누구든 고독의 만년을 보내야 한다.

　우테크는 행복의 공동체를 만드는 기술이며, 행복하게 사는 전략이다. 바로 이런 점에서 송파마라톤클럽은 힘들이지 않고 우테크를 만들 수 있는 곳이다.

마라톤 이야기가 나왔으니 조선일보에서 주최하는 2011년도 춘천마라톤대회참가기를 덧붙일까 한다.

춘천마라톤 10km에 참가

지난 2009년 9월 송파마라톤클럽에 가입, 다음날부터 체력에 맞게 2.5km의 석촌호수를 한 바퀴 도는 것으로 시작한 마라톤이 어느덧 3년이란 세월이 흘렀다. 말이 거창하게 마라톤이지 내가 하는 마라톤은 건강을 위한 달리기에 불과할 뿐이다. 나는 그동안 10여회의 하프 코스(21km), 10km코스 등에 출전했다.

나는 풀코스(42.195km)로만 제한되어있는 조선일보춘천마라톤대회가 9년 만에 다시 10km를 부활한다는 소식을 듣고, 일찍이 송파마라톤클럽에 단체신청을 해놓았다.

대회 측에서 보내준 춘천마라톤안내책자를 통해 1974년 문흥주선수(건국대)가 2시간 16분 15초로 한국기록을 세운 이후 10년간 아무도 그 기록을 넘어서지 못하다가 1984년 이홍렬선수(경희대)가 2시간 14분 59초로 10년묵은 한국기록을 깨뜨렸다는 것을 읽었다. 문흥주씨는 우리 집 근처에 살고 있으므로 가끔 만나 막걸리도 마시며 담소를 나누는 사이다.

문흥주씨가 대단한 선수였다는 것은 이 안내책자를 읽고 알았다. 나는 그에게 전화를 걸어 춘천마라톤안내책자에 당신에 관한 내용이 실려 있다고 전했더니 매우 반가운 표정이다.

대회당일인 아침 5시30분에 일어났다. 조선일보사에서 보내 준 아식스티셔츠로 갈아입었다. 티셔츠에는 태극기문양과 함께 영문으로 조선일보춘천마라톤이라고 새겨져 있다. 이 티셔츠를 입으니 마치 국가대표선수라도 된 기분이다. 참가번호표를 티셔츠에 부착하고 기록측정용 칩을 신발 끈에 매달았다. 모자를 쓰고 티셔츠위에 점퍼를 걸쳐 입었다. 복장은 완전하게 준비됐으니 집결장소에서는 허둥대지 않아도 될 것이다.

　6시 20분 필자는 송파마라톤클럽회원들과 함께 잠실 교통회관 앞에서 경기도 화도읍 마석으로 출발하는 버스에 올라탔다. 버스는 7시경에 마석역에 도착, 경춘선 전철로 갈아탔다. 이윽고 8시께 춘천역에 도착했다. 날씨는 마라톤하기에 아주 알맞은 기온인 것 같다. 집결지인 춘천시 호반순환로 까지 걸어서 이동했다.

2만여명의 마라토너 참가

　호반순환로에는 전국에서 온 남녀마라토너들이 집결, 인산인해를 이루고 있다. 올해 춘전마라톤은 2만3026명이 참가했으며, 2009년(2만684명)과 작년(2만842명)에 이어 3년 내리 2만명이 넘는 아마추어 마라토너들이 참가했다고 한다. 조선일보춘천마라톤은 완주자 기준으로 세계 10대 마라톤대회에 올라 세계에서도 인정을 받고 있다.

　송파마라톤클럽에서는 모두 21명이 출전했다. 이 가운데 풀코스에 14명이, 10km에 7명이 출전했다. 개그맨 배동성의 사회로 진행된 이

MBC 마라톤 대회에 참가한 필자 (오른쪽)

날 마라톤대회는 출발에 앞서 참가자들의 워밍업, 스트레칭체조, 치어걸과 함께 간단한 에어로빅 따라 하기, 유명인사 참가자 소개 등의 순으로 이어졌다. 배동성씨는 개그맨답게 재치 있는 유머와 말솜씨로 행사를 진행, 참가자들의 웃음을 자아내게 했다. 유인촌 전 문화체육관광부 장관, 허준영 철도청장, KBS 박은영 아나운서 등도 10km코스에 동참했다.

풀코스출발은 기록에 따라 A~I 그룹으로 나뉘어 그룹별 위치에서 대기한 후 순차적으로 출발하게 된다. 9시에 A그룹부터 출발하기 시작, 마지막으로 I그룹이 출발했다. 이어 풀코스 마라톤 참가자가 모두 출발한 후 오전 9시 40분에 같은 출발선에서 10km코스참가자가 출발했다. 10km 참가자의 경우 기록에 따른 그룹을 나누지 않으므로 3500여명이 한꺼번에 출발했다.

나는 10km코스와 하프코스(21km)에 10여 번 참가한 경험이 있어 이날도 서두르거나 당황하지 않았다. 평소 매일 아침 석촌호수길에서 달리던 대로 뛰기 시작했다. 비교적 편안한 자세로 천천히 달렸다. 기록에 연연하지 않고 뛰었다. 숨이 차고 가슴이 답답하다고 느끼면 속도를 줄였다. 내가 석촌호수길을 매일 아침마다 달리고, 천천히 뛰는

데에는 나름대로의 사연이 있다.

나는 얼마 전 아산병원 전립선정기검사에서 담당의사로부터 당뇨수치가 126이니 주의하라 는 경고를 받았다. 당뇨에 관한 주의경고는 내가 2008년 전립선초기암이라는 선고를 받을 때의 기분과 같았다. 당뇨는 체중을 줄이면 고칠 수 있다는 말을 들었다.

마라톤으로 고혈압, 당뇨 OK

나는 당뇨주의경고를 듣고 난 후 1주일에 한번 뛰던 마라톤을 매일 아침 5km 이상씩 뛰기 시작했다. 1주일에 한번 뛰어서는 체중이 줄어들지 않기 때문이다. 덕분에 체중은 3개월 만에 78kg이던 몸무게는 71kg으로 무려 7kg이나 줄어들었다. 아산병원 당뇨센터에서 검사를 받았다. 혈당수치는 98, 당화혈색소는 5.8로 매우 정상이라고 한다. 마라톤의 덕을 톡톡히 보고 있는 것이다.

세계올림픽 마라톤을 제패한 황영조 선수가 지난 9월에 석촌호수 서호수변무대에서 선수와 일반인을 상대로 달리기에 대한 특강을 한 적이 있다. 강연요지는 건강을 위한 달리기라면 절대 10km 이상을 뛰어서는 안된다는 것이었다. 미국과 유럽에서도 건강을 위한 달리기는 10km 이내로 정하고 있다는 것이다. 특히 주의할 것은 2, 3km 뛰다 보면 몸이 풀려 스피드를 내고 싶은 생각이 들 때 이를 억제하고 천천히 뛰어야 한다는 것이다.

출발점을 얼마동안 지나자 약간 비탈진 오르막길이 전개되면서 춘천에서 유명한 닭갈비 막국수집들이 시야에 들어온다. 이어 학생들로 구성된 자원봉사팀에서는 마라토너들의 땀을 닦으라고 물에 적신 스펀지를 나누어준다. 5km지점에 다다르자 자원봉사자들이 대회 공식 음료수인 스포츠음료 게토레이와 생수를 나누어준다. 나는 한두컵으로는 성에 차지 않아 5컵을 한꺼번에 마셔 갈증을 해소했다.

반환점은 6km지점에서였다. 천천히 뛰어야겠다고 다짐하면서도 이제 4km밖에 남지 않았다고 생각하니 나도 모르게 속도가 붙기 시작했다. 많은 사람을 추월하면서 골인했다. 대회본부에서 내 스마트폰에 날라 온 기록은 1시간 11분 06초. 뒤에 들은 이야기인데 와이프핸드폰에도 똑같은 기록문자가 날라왔다고 한다. 얼마 전 강남구청에서 주최한 국제평화마라톤대회에선 1시간 8분의 기록이었다. 코엑스에서 성수대교 옆길을 돌아오는 코스로 춘천마라톤에 비해 언덕길이 없는 평평한 코스였기에 더 빨랐으리라 생각된다. 남녀각각 1위부터 6위까지 상장과 트로피가 주어졌다.

칩을 반납하고 메달과 빵과 음료수를 받은 다음 나는 송파마라톤클럽 풀코스참가자들을 응원하기 위해 골인지점으로 이동했다.

1만9500명이 참가한 풀코스마라토너들의 골인지점에서의 표정은 각기 다르다. 대부분의 참가자들이 웃으며 의기양양하게 골인하는데 비해 고통을 못참아 사색이 된 표정을 짓는 사람, 완주했다는 감격에 서인지 눈물이 글썽한 표정의 사람, 맨발로 뛰어오며 파이팅을 외치는 사람, 고인돌축제를 알리기 위해 원시인으로 분장한 사람, 영원히 헤어지지 말고 백년가약을 맺은 듯 각각 한쪽 팔을 끈으로 매달아 금실좋게 들어오는 부부들, 자신의 가게를 선전하기 위해 풍선이나 옷에 상호를 써붙여 골인하는 사람들, 100회 완주를 한 원로마라토너를 응원하기 위해 같은 소속회원들이 주인공을 에워싸고 골인하는 사람들. 그야말로 골인지점은 백인백색의 광경이 연출된다. 안타까운 것은 결승선 근처까지 달려와 놓고 의식을 잃고 쓰러져 앰뷸런스에 실려가는 사람도 있었다.

춘천마라톤은 가을의 전설을 쓰는 곳

  수많은 선수들이 속속 들어오고 있는데도 송파마라톤참가선수는 눈에 띄지 않는다. 한참이 지나서야 황재홍씨가 3시간30분대에 들어왔다. 황재홍씨는 울트라마라톤에도 참가할 정도로 평소 탄탄한 체력을 유지하고 있으며, 송파마라톤클럽에서는 훈련부장을 맡고 있다. 이어서 4시간 5분대의 이광석씨가 들어왔다. 이광석씨는 용인에서 준종합병원을 운영하고 있는 젊은 마라토너이다. 다음으로 전봉렬씨가 들어왔다.

  전봉렬씨는 올해 필자와 같은 나이인 67세로 전직 초등학교 교장출신이다. 평소 카메라와 비디오카메라를 다루는 솜씨가 프로에 가깝다. 송파마라톤클럽회원들의 대소사행사에는 빠지지 않고 헌신적으로 비디오촬영을 해주고 있다. 그는 아직도 왕성한 체력으로 젊은이 못지않은 마라톤기록을 갖고 있다. 이어서 선홍수, 박진환, 황보국, 이응범,

송파마라톤클럽 회원들과 석촌호수에서 (필자 좌측 여섯번째)

김학연씨에 이어 여성 참가자인 김미선, 김세진씨 등이 들어왔다.

이번 대회에서 국제부문에서는 케냐의 스탠리 키플레팅 비요트 선수가 2시간 07분03초로 대회신기록을 세웠다. 비요트선수는 총상금 8만달러(약 9200만원)를 받았다.

남자 엘리트부문에서는 코오롱 소속의 황준현선수가 2시간16분37초, 여자엘리트부문에서는 창원시청의 오정희선수가 2시간41분23초로 각각 1위를 차지했다. 또 남자 일반부에서는 김승환선수가 2시간 33분50초, 여자일반부에서는 이정숙선수가 2시간 50분37초로 각각 1위를 차지했다.

모든 참가자들이 들어온 후 우리일행은 굶주린 배를 채우기 위해 춘천명물막국수집으로 자리를 옮겼다. 시간은 3시30분. 이 가게는 우리 회원가운데 춘천출신인 유남식이라는 여성이 미리 예약해놓은 식당이다. 이날 20여명의 음식 값을 모두 유남식씨가 샀다.

전봉렬씨는 식사자리에서 인사말을 통해 가을의 전설을 쓰는 곳은 조선일보가 주최하는 춘천마라톤뿐이라고 한다. 필자가 무슨 뜻이냐고 물었더니 춘천마라톤은 호수에 젖고, 단풍에 물들어 다른 마라톤대회에서는 감히 가을의 전설이라는 말을 쓰지 못한다는 것이다.

　식사가 끝나자 5시가 되었다. 우리일행은 공지천시민공원(작가 이외 수공원이라고도 함) 옆의 가을단풍이 물들어있는 가로수 길을 거닐며 담소를 나누었다. 호수까지 이어지는 가로수 길의 경치는 옆에 있는 강과 함께 매우 아름답다. 공지천의 강바람이 매우 상쾌하다.

　전철을 타고 마석역에 내려 버스로 갈아타고 잠실에 도착하니 8시 30분이 되었다. 오늘은 10km마라톤보다는 오히려 풀코스참가자들을 응원하기 위해 4시간이나 서있었던 것이 더 힘들었던 것 같다. 오늘 밤은 피로에 지쳐 여느 날보다 잠이 잘 올 것이다.

제 5 장
애향회와 한강포럼

고향은 언제나 어머니 품속처럼 포근한 곳

송파에 사는 나는 매년 6월 첫째 토요일에 열리는 주암마을의 최대 축제인 주암 애향회에 참석하기 위해 행사당일 평소와 같이 새벽 4시에 일어나 조간신문을 읽고 아침식사를 마친 후 아내와 함께 오전 8시 고향을 향해 차를 몰았다.

중부고속도로를 이용, 휴게소에서 잠시 휴식을 취한 뒤 고향마을 주암에 도착하니 10시 40분. 고향의 상큼하고 신선한 공기는 도심 속의 매연에 찌든 공기와는 비교가 안될 정도로 상쾌하다. 마을로 들어가는 입구에는 '고향은 어머니 품속 같고 포근합니다.', '선후배여러 분! 고생하셨습니다. 고향의 정을 듬뿍 담아가세요.', '선후배 여러분! 고향에 오심을 환영합니다.'등의 여러 플래카드가 걸려있다. 행사장소인 마을회관 앞에 도착하자 애향회에 모인 동네사람들과 고향을 떠나 객지에 사는 선후배들이 반갑게 맞아준다. 고향이란 이래서 좋은가보다.

나는 서울에서 준비해간 20여점의 선물을 내려놓았다. 이 선물들은 애향회 행사가 끝난 후 노래자랑대회에 참가하는 사람들을 주기 위한 것이나.

초등학교 5학년 때 고향을 떠나 부산에서 학창시절을 보내고 신문사에 입사해 30여년을 기자생활로 전전해온 나는 한시도 고향을 잊은 적이 없다. 조선일보, 한국경제신문, 헤럴드경제 등 바쁜 언론사생활을 하면서도 매년 4-5회 정도는 고향을 찾았다. 그리고 내 고향에 도움이 되고자 20여 년 전 마을회관에 노래방기기와 TV를 사다주기도 했다.

잊혀져가는 고향 찾아 주민들과 정담 나눠

주암애향회는 잊혀져가는 고향을 찾아 동네어른들을 찾아뵙고, 고향을 떠나 원근각지에서 뿔뿔이 흩어져 사는 사람들이 주민들과 함께 만나 정담을 나누기 위한 이 마을의 축제로서 지난 2000년 발족됐다.

주암(舟岩 : 배바우)은 전북 완주군 운주면 산북리의 한가운데 위치한 마을로서 충남 논산군 양촌면, 그리고 충남 금산군 진산면과 접해 있는 곳이다. 이곳은 남한의 금강산이라는 대둔산이 자리하고 있어 사시사철 관광객이 서울을 비롯한 각지에서 몰려올 정도로 뛰어난 산세를 자랑하고 있다. 특히 산이 수려하다보니 토요일과 일요일에는 등산객 및 관광객들로 북새통을 이룬다.

내가 산북초등학교(지금은 농촌인구감소로 폐교) 4학년 때 이곳 대둔산 정상을 지나 태고사라는 절까지 소풍을 간적이 있다. 그러나 그때는 우리가 사는 곳이 그렇게 경치가 빼어나다는 것을 느끼지 못했다. 다른 유명한 산을 구경하지 못했으니 모든 산이 다 그렇겠지 하고 생각했을 뿐이다.

이러한 산이 20여 년 전부터 개발되기 시작했고 이곳에 땅깨나 가진 사람들은 벼락부자가 되었다느니 하는 말도 들려온다.

강을 가로지르는 한 척의 배와 같은 마을

주암이란 마을은 배바우라고도 불리는데 동네이름의 유래를 살펴보면 과연 그렇구나 하고 감탄할 만 하다.

동네 앞을 마주한 산 앞에 냇물이 흐르고, 냇물 앞에는 동산이 있는데, 이 동산이 주로 바위와 나무로 이루어져 있으며, 마치 냇물을 가로 지르는 한 척의 배와 같다고 해서 주암이라고 이름을 붙였다고 한다.

50여가구가 옹기종기 모여 사는 이 동네는 경관이 참으로 수려하다. 동네 전체가 하나의 병풍으로 둘러싸

전북 완주군 운주면 산북리 주암마을

여 있는 것처럼 아름답다. 동서남북으로 산으로 둘러싸이고, 보인다는 것은 하늘뿐이다. 동네가 아름답다보니 여름이면 외지사람들이 와서 텐트를 치고 야영을 하기도 한다. 판소리의 대가 오정숙씨가 이곳에 집을 지어놓고 문하생을 지도하기도 했다.

산촌이다 보니 이렇다 할 큰 논은 찾아보기 힘들다. 주로 냇물 아니면 비에 의존하는 전형적인 천수답이다.

인삼의 고장 금산군과 인접한 이곳은 토질이 인삼농사에 적합하다. 어느 농가 할 것 없이 밭이 있으면 예외 없이 삼을 심는다. 몇 년 걸러 같은 밭에 두 번에 걸쳐 인삼을 심는 사람도 있다.

이와 함께 이곳은 감의 고장이기도 하다. 비옥한 논이 없다보니 인삼이나 감은 이곳 사람들에게 큰 수입원이 되고 있다.

이밖에도 대추, 밤 등 각종 과일과 고추, 마늘, 딸기 등 밭작물이 잘

되는 토양을 갖추고 있다.

애향회 축제 행사는 동네 한 가운데 있는 마을회관 옆에서 오후 5시부터 시작된다. 점심시간이 되자 300여 만원의 돈을 들여 준비한 각종 음식과 술을 놓고 타지에서 온 사람들과 고향사람들이 옹기종기 한데 어울려 오순도순 담소를 나눈다.

애향회는 변실경 회장과 유영식 재무, 김영수 총무 등 세 사람과 함께 이 동네 김만수 이장의 유기적인 협조체제로 이루어진다.

변실경 회장은 지난 2002년 임정식 전 초대회장의 뒤를 이어 지금까지 애향회를 이끌어왔다. 대둔산관리사무소에서 일하면서 틈만 나면 농촌일도 돕고 있는 변회장은 자신의 땅 70여 평을 국가에 헌납하면서까지 마을 한가운데에 보건진료소를 유치하기도 했다. 그의 남다른 고향사랑을 엿볼 수 있다.

변회장과 함께 유영식 재무, 김영수 총무도 대둔산관리사무소에서 일하면서 고향발전을 위한 일에 앞장서고 있다.

김만수 회장은 환갑이 넘은 나이로 10여년을 넘게 이장을 맡아왔다. 이번 애향회에 그는 두아들과 함께 사위까지 애향회에 참석시키는 열성을 보이기도 했다.

마을주민들과 함께 고향 지켜

농촌생활이 어렵다고 친구들과 선후배들이 고향을 모두 떠나가도 이들만은 마을주민들과 애환을 같이 하며 묵묵히 고향을 지켜왔다.

변회장을 비롯한 이들 집행부의 한결같은 이야기는 애향회가 발족됨으로써 무엇보다 애경사에 크게 도움이 되고 있다고 한다. 과거에 비해 회원 및 객지에 사는 사람들의 유기적인 연락망과 함께 자발적이고 적극적으로 참여율이 높다는 것.

　오후 5시가 되자 150여명이 참석하고 드디어 행사가 시작됐다. 변실경 회장의 인사말, 필자(김용발)의 축사, 김만수 이장의 격려사, 유영하씨(서울거주)에 대한 감사패 전달, 전 산북리 진료소 최정심 소장에 대한 감사패 전달 등의 순서로 이어졌다.

　변회장은 많이 참석해주시고, 성원해주신데 대한 고마움의 인사말을 하고, 필자는 이 모임의 발전을 위해 타지에 사는 고향출신들의 많은 지원을 부탁한다는 취지의 축사를 했으며, 김만수 이장은 행사를 위해 성대한 잔치를 베풀어준데 대한 격려사를 했다. 유영하씨는 매년 애향회를 위해 적극적인 지원을 한 공로로 감사패를 받았다. 함께 감사패를 받은 최정심 소장은 10여 년간 산북리 보건진료소장으로 재직하면서 주민들을 친부모형제자매처럼 돌보아주었다고 한다.

　행사를 모두 마친 후 노래자랑대회가 이어졌다. 상품은 입상에서부터 1등에 이르기까지 20개의 상품이 주어진다. 상품종류는 손목시계 3점, 여성용, 남성용, 유아용 화장품 등 17점이다. 심사기준은 노래실력과 함께 애향회에 대한 기여도도 참작이 된다고 한다. 참가자들이 노래를 부를 때마다 젊은 사람에서부터 88세의 노인에 이르기까지 한데 어울려 박자에 맞춰 춤을 춘다.

노래대회가 끝난 후에도 많은 사람들은 밤이 깊어가는 줄 모르고 삼삼오오 떼를 지어 술과 음식을 놓고 지난날을 회상하면서 담소를 나눈다.

나는 친척집에서 하룻밤을 자고 다음날 오전 아저씨가 챙겨주는 시골 쌀, 상추, 머위, 아욱 등 유기농 채소를 싸들고 서울을 향해 출발했다.

고향을 떠나는 길목에는 '안녕히 가시고 내년에 더욱 건강한 모습으로 만나요.'라는 환송의 플래카드가 나를 배웅해준다.

이 글을 쓰는 순간에도 고향사람들의 다정한 모습과 함께 그들의 포근한 이야기가 귓전을 스쳐간다.

이번 주암애향회 참석은 내 인생에 있어 또 하나의 추억거리로 장식될 것임에 틀림없을 것 같다. 애향회를 위해 매년 수고를 아끼지 않는 변실경 회장을 비롯한 집행부 여러분들에게 다시한번 감사의 뜻을 전하고 싶다.

경제, 문화계 인사들의 모임 한강포럼

나는 앞에서 고향에 대해 자세히 설명했듯이 애향의 날을 비롯 1년에 4회 정도 고향을 찾아가 고향사람들과 이야기를 나누면서 맑은 공기를 마시고 서울로 돌아온다. 시골에 가서 하루 이틀 지나면 서울에 가고 싶은 생각이 난다. 그런데도 서울에 있으면 고향에 가고 싶다. 이런 생각을 가진 사람은 나뿐이 아니리라.

나는 직장생활을 하면서 송파마라톤클럽 외에 매월 셋째 주 금요일에는 한강포럼이라는 아침조찬회에 나간다.

한강포럼은 과거 내가 출판사 '삶과 꿈'에 근무하면서

한강포럼 회원들과 함께 이화장 방문 (우측 끝이 필자)

모신 바 있는 김용원 회장이 회장을 맡고 있는 비영리 단체다. 초대회장은 조석래 효성그룹회장이 맡았으며, 2대회장은 박필수 전 상공장관이 역임했으며, 박장관이 돌아가신 후 3대 회장에 김용원 회장이 취임, 모임을 이끌어가고 있다.

한강포럼회원들은 기업인을 비롯, 문화계 인사 등 각계인사들이 회원으로 있으며, 이에 따라 회원들에게 유익하다고 생각되는 강사를 초빙, 조찬회를 개최하고 있다.

한강포럼은 정기적으로 해외 및 국내문화유적지를 찾아 여행을 간다. 다음은 내가 2012년 여름 여수엑스포에 다녀온 글을 소개하고자 한다.

여수엑스포와 남해를 다녀와서

한강포럼은 그동안 수십 회의 국내 및 해외여행을 기획, 회원들이 현장을 답사함으로써 살아있는 역사공부를 하는 계기를 마련해주었다.

이번에도 한강포럼은 1박2일의 여행코스를 마련, 회원들이 여수엑스포관람과 함께 남해의 독일마을과 원예 예술촌을 둘러보고 왔다.

필자는 이번 여행을 위해 출발 당일인 7월 23일 아침 일찍 일어났다. 아침 7시 20분에 집결지인 서울역 대우빌딩 옆에 도착했다. 우리 일행을 안내할 여행사는 굿모닝 여행사로 관광버스 앞 유리에 한강포럼이라는 글자가 크게 새겨져 있다.

이미 버스 안에는 김용원 회장 내외분, 신국주 전 동국대 총장 내외분, 최열곤 전 서울시교육감 내외분, 이인호 전 러시아대사, 이기남 신명시스템 회장, 윤호미 전 조선일보 주불특파원 등 낯익은 회원들이 자리를 잡고 있었다.

우리가 탄 관광버스는 정원이 44명이다. 이 버스는 예약된 회원을 죽전에서 태우면 44명이 꽉 찬다고 한다. 한강포럼 총무역할을 하고 있는 김자경 회원은 이번 여행에 많은 회원이 신청했으나 부득이 선착순으로 정원 이상은 잘라야 하는 아쉬움이 있었다고 한다. 이 같이 회원들이 몰리는 것은 그동안 한강포럼이 격조 높은 여행만을 기획해왔기 때문일 것이다.

조금 지나자 내 옆자리에는 과천시의회 의장을 지낸 곽현영 회원이 앉았다. 그는 공무원출신으로 현재 부인이 초등학교교장이라고 한다. 사교적이고 활달한 성격이라 필자는 지루하지 않게 여행을 할 수 있었다.

우리를 안내할 가이드는 굿모닝여행사의 김영우씨다. 그는 남성이름을 가졌지만 여성이다. 회원들에게 건강박수를 가르쳐주었다. 회원들은 혈액순환에 좋은 박수, 정력에 좋은 박수, 관절에 좋은 박수, 장에 좋은 박수, 치매에 좋은 박수 등 그가 가르치는 동작을 하나도 빠짐없이 따라 하며 매우 흡족해하는 표정이다. 장거리 여행이지만 덜 지루하다.

버스 안에서 아침을 때운 우리 일행은 12시 30분께 진달래식당이라는 곳에서 점심식사를 했다.

서울을 출발 약 6시간이 지난 오후 1시 30분 드디어 엑스포장에 도착했다.

엑스포를 여수로 택한 것은 이 곳은 한반도의 남쪽 끝이자 중국, 일본, 대만의 문명이 만나는 중심지역으로 박람회 주제를 표현하기에 유리한 위치라는 것이다. 또 한려해상국립공원 오동도와 가까워 자연경관이 아름답고, 대표적인 항만시설과 산업단지가 자리 잡고 있으며, 중국, 러시아, 일본 등 동북아시아 지역과 활발하게 교류를 하던 곳이라는 점도 여수를 택하게 됐다고 한다.

사람과 바다가 함께 살아가는 길을 모색

여수세계박람회의 테마는 '살아 있는 바다, 숨 쉬는 연안'이다. 지구 표면의 약 70%를 차지하고 있는 바다. 여수엑스포는 사람과 바다가 함께 살아가는 길을 모색하고 있다. 그동안 우리가 잊고 있던 바다의 소중함을 되새기고, 아름다운 바다의 미래를 꿈꾸며, 바다를 건강하게 지키기 위한 방법을 제시하고 있다.

우리 일행은 김근수 여수엑스포 조직위원회 사무총장으로부터 엑스포 전반에 대한 설명을 들었다. 지난 5월 12일 개장한 여수엑스포는 104개국이 참가하고 있으며, 요즘에는 하루 평균 관람객이 10만에서 15만명이 찾아온다고 한다. 현재까지 찾아온 관람객은 460만명으로 마감일인 8월 12일까지는 모두 700만명은 무난할 것으로 내다봤다. 당초목표는 800만 명. 실제로 여수엑스포는 목표인원을 무사히 달성했다.

여수엑스포에 사용된 돈은 약 12조원으로 이 가운데 10조원이 인프라에 사용됐으며, 2조원은 각종 건축물 등에 쓰여졌다고 한다. 특히 국제관은 코엑스 3배 크기의 전시관으로 축구 장 18개의 넓이에 해당된다고 한다.

우리가 단체로 찾은 관은 몇 곳에 불과하며, 그 외 많은 볼거리는 각자 자유의사에 맡겨 관람했다.

따라서 지면 관계상 필자가 찾아본 곳과 함께 비교적 입장객들이 많이 찾는 몇 곳만을 소개 하고자 한다.

먼저 기후환경관을 찾았다. 기후환경관은 바다와 환경, 그리고 인간이 함께 공존하고 순환 되어가는 과정을 세 개의 원이 하나로 통합되는 모습으로 형상화한 전시관이다. 이 전시관의 로비에서 바다와 기후의 관계를 이해한 뒤 북극빙하체험실로 들어선다. 이 체험실은 온몸과 모든 감각으로 지구의 극한 환경을 경험할 수 있는 곳이다. 극한 환경이 유지되고 있다는 것은 아직 지구가 건강하다는 증거이기도 하다. 실제 필자가 느낀 것은 눈이 내린 추운 한 겨울을 연상시킨다. 무더운 폭염의 날씨에 어느 정도의 더위를 해소한 느낌이다. 관람시간은 20분 정도.

아쿠아리움은 입장객들이 가장 가고 싶어 하는 곳

 다음으로 찾은 곳이 아쿠아리움. 아쿠아리움은 여수엑스포의 주요 테마공간으로 희귀 해양 생물들을 관람할 수 있는 바다동물관이다. 280여종 3만여 마리의 해양생물을 관찰할 수 있다. 실제로 입장객들이 가장 가고 싶어 하는 곳이 이 곳이다. 입장객들이 이 곳으로만 몰리다 보니 관람하지 못하고 그냥 돌아가는 사람들이 많다. 필자도 이 곳을 관람할 수 있는 기회가 주어져 수족관의 어마어마한 규모에 놀라움을 금치 못했다. 아마존 밀림에 온 듯한 착각을 일으키는 바다 생태관, 대형 아크릴 관람창과 아쿠아 돔 수조를 통해 환상적인 물고기 쇼를 볼 수 있는 바다체험관을 관람하다 보면 자연의 신비로움과 환경보호에 대한 숭요성을 재인식할 수 있다. 국내 최초로 러시아의 흰 고래, 바이칼 물범, 해룡, 해우 등 다양한 희귀 해양생물을 전시하고 있으며, 국내 최대 돔형 수조에서 자유롭게 헤엄치는 3,500여 마리의 대형어류가 장관을 이룬다. 한국화약(한화)이 건설했으며, 관람시간은 약 1시간이 걸린다.

 관람객 누구나 자유롭게 볼 수 있는 곳이 빅오쇼다. 거대한 바다를 의미하는 빅 오(Big-O) 는 바다를 조망하며, 즐길 수 있다. 수변공간 및 해양공원은 바다에서 펼쳐지는 거대한 규모의 감동적인 쇼, 이벤트, 각종 공연 등이 펼쳐지는 문화공간, 전시공간이기도 하다. 최고의 기술력과 연출효과가 어우러진 빅오 마당에서 날마다 새로운 공연과 행사를 만날 수 있다.

또 국내 대표기업들의 기술력에 의한 전시 및 이벤트를 즐길 수 있는 독립기업관도 가볼만 한 곳이다. 참가기업은 삼성관, 현대자동차그룹관, LG관, SK텔레콤관, GS칼텍스에너지필드, 롯데관, 포스코관 등 7대 글로벌기업이다.

이밖에 마치 돌고래처럼 바다 속을 헤엄치는 듯한 기분을 체험할 수 있는 영상관을 갖춘 한국관, 46개국이 참가하여 다양하고 독특한 그 나라의 전시내용과 문화공연을 즐길 수 있는 국제관을 들 수 있다. 필자가 관람객들에게 가볼만한 곳이 어느 나라 관이냐고 물으면 대부분의 사람들이 주저하지 않고 러시아관이라고 답한다. 필자도 러시아관을 찾았다. 초대형 화면을 통한 웅장한 영상처리는 관객들에게 또 다른 볼거리를 더해준다.

한 폭의 그림과 같은 삼천포 전경

우리 일행은 각자 자유 관람을 한 후 삼천포에 있는 숙소로 가기 위해 저녁 9시 20분에 집결지인 게이트1에서 모였다.

숙소로 가는 버스에서 김용원 회장의 인사말이 있었다. 김회장은 이번 여수엑스포 여행을 위해 뒷바라지를 해준 김자경 회원에게 고맙다는 말과 함께 박수를 보내자고 권유, 회원모두가 열렬한 박수로 화답했다. 김자경 회원은 한강포럼에 나오는 회원들의

아름다운 야경을 뽐내는 여수

참석여부를 일일이 체크하는 등 직원이 해야 할 일을 자원봉사하고 있다.

이밖에도 여수엑스포조직위원회 사무총장에게 연락, 여러 가지 관람 혜택을 준 박기천 회원에게도 감사하다는 인사말을 잊지 않았다.

밤 10시 30분 숙소에 도착했다. 샤워를 하고 취침에 들어갔다. 피곤하다보니 이내 잠에 취해버렸다.

아침에 일어나 산책에 나섰다. 숙소주변 바닷가에는 삼천포 여인상이 있다. 안내판에 서자 70년대 가수 은방울 자매의 삼천포아가씨가 흘러나온다. 삼천포는 원래 삼천포시였으나 지금은 삼천포항으로 불린다. 인구가 점차 줄어들어 이제는 6만5,000명에 불과하며, 인구 17만의 사천군과 합쳐져 사천시로 편입됐다. 숙소주변의 공원에서 바라본 삼천포의 전경은 한 폭의 그림과 같이 아름답다. 바다 한 가운데는 작은 섬이 아름다운 자태를 보이고, 바다 한 쪽에는 통영까지 전력을 공급한다는 화력발전소가 우뚝 서 있으며, 우리 일행이 남해를 향해

지나가야 할 삼천포대교가 바다를 가로지르고 있다.

아침식사 후 오전 8시. 우리는 남해를 향해 출발했다. 우리나라에는 4천여 개의 섬이 있으며, 대부분이 무인도이고, 이 가운데 400여 개가 유인도라고 한다. 남해는 5대섬에 속하며, 제주도, 거제도, 진도, 강화 그 다음으로 남해라는 것.

차창너머로 플래카드에 쓰인 글이 눈길을 끈다. '박람회 구경은 여수! 관광과 휴양은 보물 섬 남해!'

얼마가지 않아 미국풍의 주택을 지은 20여 가구의 미국마을이 들어온다. 우리일행은 남해로 가는 도중에 다랭이 마을이라는 곳에서 하차, 약 200미터 아래에 있는 바닷가에 내려가 휴식을 취했다. 요즘의 날씨는 낮에는 햇볕이 작렬하는 무더위가 기승을 부리고, 밤에는 열대야가 계속되고 있다. 폭염속의 2백 미터 거리를 오르내리는 것은 그리 쉽지만은 않은 길이다. 혼자라면 힘들었겠지만 일행들과 함께 걸어서 힘든 줄 몰랐다. 다시 버스에 오르니 마치 등산을 하고 온 기분이다.

원예예술촌의 조경시설 돋보여

우리 일행을 태운 버스는 드디어 남해 독일마을을 거쳐 부근에 있는 원예 예술촌에 도착했다. 70년대 독일에 취업한 우리나라 광부와 간호사들이 고국에 돌아와 집단촌을 형성했다는 독일마을은 20여 가구가 옹기종기 모여 있으며, 어느 집에서도 바다가 보이게끔 설계되어 있다. 이곳에 있는 주민들은 1년에 한번은 맥주축제를 연다고 한다.

유럽풍의 주택들로 형성된 원예예술촌도 20여 가구. 15평에서 52평의 각양각색의 유럽식으로 형성된 이 원예예술촌은 고려대학 원예과를 나온 탤런트 맹호림씨 부인과 탤런트 박원숙씨 등에 의해 구상되었다고 한다.

박원숙씨의 집은 독일풍의 브레멘하우스이며, 그리스풍의 집도 보이고, 스위스풍의 집도 보인다. 원예예술촌이 무엇보다 자랑할 만한 것은 조경시설이다. 원예전문가가 중심이 되지 않으면 이같이 아름다운 정원을 꾸밀 수 없을 것이란 생각이 든다.

가이드의 안내로 식물에 대한 새로운 상식 몇 가지를 배웠다. 갈대와 억새풀은 모양은 비슷하지만 갈대는 강가에 자라고, 억새풀은 산에서 자라는 것이 특징이라고 한다. 봉숭아는 모든 귀신을 물리친다는 속설이 있으므로 정원에도 심지 않고 제사상에도 올리지 않는다고 한다. 또 정원에 봉숭아꽃을 심는 것은 뱀은 봉숭아꽃 향기를 싫어하므로 뱀을 물리치기 위한 것이라고 한다.

우리일행은 원예예술마을에서 운영하는 식당에서 산채비빔밥으로 점심을 하고 상주해수욕장에 들러 약 1시간 동안 해수욕을 했다. 준비해간 수영복과 물안경을 끼고 오랜만에 수영다운 수영을 했다. 일부회원은 발만 물에 담그기도 하고 일부회원은 그늘 밑에서 맥주로 목을 축이기도 한다.

서울로 돌아오는 버스에서 김용원 회장의 인사말이 있었다. 이번 박람회는 한마디로 실패작이라는 것. 예약제를 받지 않고 모든 사람이

똑같이 기다렸다가 입장하며, 구경하는 시간보다 기다리는 시간이 몇 배 많은 점, 외국관광객들이 거의 눈에 띄지 않는 점 등 결코 성공한 엑스포라고는 할 수 없다는 것이다.

그러나 한강포럼으로서는 가지 않을 수도 없었는데 박기천회원의 주선으로 엑스포조직위 사무총장의 안내도 받을 수 있었으며, 이번 여행을 위해 애써주신 김자경 회원, 그리고 신갑순 회원에게도 특별히 감사를 드린다는 말로 인사를 맺었다.

우리 일행은 여수에 내려갈 때와 마찬가지로 올라올 때도 일부회원은 죽전에서 내리고, 나머지 회원은 서울역에서 하차, 한강포럼 조찬회에서 다시 만나기로 약속하고 아쉬운 작별을 해야 했다.

제 6 장

가족과 소중한 분들

일요일 오전에 모이는 등산모임

나는 일요일이 몹시 바쁜 편이다. 일요일 아침 7시 석촌호수 서호수 변무대에 모여 석촌호수를 달리는 송파마라톤클럽에 나간다. 회원들과 아침식사를 하고 다시 과천 서울랜드에서 모여 회원들과 함께 등산을 한다.

이 모임에는 김용균 변호사(체육부차관, 국회의원, 헌법재판소사무처장 역임)가 일요일날 등산을 같이 하자고 하여 몇 개월째 계속 나가고 있다.

회원들은 등산 중간에 휴게소에서 간식을 들고 환담을 나눈다. 회원들은 등산을 마치고 과천시내에 있는 음식점에 모여 식사를 한다. 식사는 맛있는 음식점을 찾아 매주 메뉴를 바꿔서 먹는다.

나는 김용균 변호사를 통해 이 모임의 회원인 전 과학기술부장관인 서정욱씨를 알게 되었다. 이 분은 과거 SK텔레콤 사장으로 계실 때 내가 인터뷰를 한 적도 있어 아주 낯설지도 않은 분이었다. 이분은 참으로 욕심 없이 순수하고 깨끗하게 사시는 분이라 소개를 하고자 한다.

서정욱씨는 원래 서울 사직동에서 태어났다. 서울공대를 나와 공군중령으로 예편하고 공군 사관학교 교수를 거쳤으며, KAIST교수, KIST원장, 한국통신 부사장, 과학기술부차관, SK텔레콤 사장, 과학기술부장관 등을 역임했다. 학자, 기업인, 정부관료 등을 두루 역임한 것이다.

과학기술부장관이 되기 전의 이야기다. 한국통신 부사장, SK텔레콤

사장 등을 역임함으로써 정보통신 전문가로 알려져 김대중 대통령은 그를 정보통신부장관으로 임명하려고 했다.

이런 제의를 그는 사양했다. 이유는 자신이 정보통신 업계 사람들을 많이 알기 때문에 자신이 장관이 되면 많은 사람들이 부탁을 할 것이고, 자신은 이 부탁을 뿌리치기 어렵다는게 장관수락사양의 이유였다.

김대통령은 업계사람들과 무관한 과학기술부장관은 맡아주겠느냐고 해서 장관직을 수락했다고 한다. 당시 장관들이 대부분 오래 하지 못하고 단명으로 끝났다고 한다. 서정욱씨는 2년6개월간 장관을 해서 장관들 사이에 최장수 장관이라는 말을 들었다고 한다. 서정욱씨는 이 말을 받아 '내 이름은 서정욱이지 최장수가 아니다'라고 답변, 상대방이 파안대소를 했다고 한다.

일반적으로 다른 사람이라면 이런 경우 정보통신업계에 아는 사람들이 많아 오히려 이 사람들의 부탁을 들어줄 수 있다고 생각, 장관임명을 바로 수락할 것이다.

서정욱씨는 고려시대나 조선시대에 있을법한 선비이며, 관료라고 할 수 있다.

그는 80이 가까워오는 나이인데도 아마추어 무선사로서 밤늦게까지 외국사람들과 교신을 한다. 지금도 KAIST에서 특강을 하며, 중국의 천진대학으로부터 초청을 받고 학생 및 교직원들을 대상으로 영어로 강의를 한다.

2011년부터는 눈이 침침하고 신체가 약해져 운전대를 놓았다고 한다. 그 이야기를 듣고 나는 일요일 등산을 갈 때는 그가 사는 양재동 집에 들러 그를 내 차에 모시고 과천 서울랜드로 가며, 돌아올 때도 그를 모시고 양재동 집에다 모셔다 주고 송파에 있는 우리집으로 간다.

우리집에서 양재동에 들르면 거리는 약간 멀지만 그 분과 같이 타고 많은 대화를 나누다보면 내가 배울 점이 많으며, 심심하지 않아 좋다.

서정욱씨도 나와 세대 차이는 있지만 생각하는 인생가치관이나 철학관 등 성격 면에서, 그리고 먹는 음식까지 비슷해서 좋다고 한다.

토요일에는 어머니 병문안

2012년 어머니는 현재 88세다. 2년 전부터 방에서 넘어져 다리를 다친 후 걷지를 못하셨다.

한 때는 병원수술을 마치고 혼수상태에 빠져 코에다 호스를 대고 음식을 섭취했으나 요양 병원으로 옮겨 죽을 잡수시고, 이젠 밥도 잡수신다.

건강이 좋아져 요양병원에서 외사촌동생이 요양사로 있는 경기도 소사의 한 요양원으로 옮겼다. 주카도 자식이라는 말이 있듯이 사촌동생은 어머니를 잘 돌봐드리고 있다.

나는 특별한 일이 없는 한 토요일에는 과일을 사들고 요양원에 간다. 사업을 하는 동생과 공무원으로 있는 동생도 면회를 온다. 날씨가 따뜻할 때는 어머니를 휠체어에 태우고 식당에서 음식대접을 하기도 하고, 인천에 있는 이모 댁으로 모시고 가 이야기를 나누고 오기도 한다.

지난봄에는 공무원으로 근무하는 막내 동생이 경작하는 밭으로 어머니를 모시고 가서 무, 아욱, 상치 등 채소를 거두어 왔다. 어머니는 매우 즐거워하셨다.

어머니의 병을 낫게 하는 방법은 자식들이 자주 찾아뵙는 것이 최상이라고 생각된다. 하루 종일 요양원에 있다 보면 엄습해오는 것은 고독뿐일 것이다. 고독은 우울증을 가져온다. 우울증은 다시 치매를 불러일으킬 것이다.

자식들을 키우기 위해 온갖 고생을 다하신 어머니가 하루 속히 건강을 되찾기를 기원할 뿐이다.

나이가 들면서 아내가 소중하다는 것을 느껴

2025년 현재 내 나이가 81세, 아내는 나보다 한 살 아래인 80세다. 아내의 이름은 안수자. 결혼한 지 50년 가까운 세월이 흘렀다.

결혼 후 지난날을 돌이켜보면 힘든 일은 내가 저질러놓고 아내는 수습하기에 바빴다. 나이가 들면서 아내의 힘이 크다는 것을 느꼈다.

아내는 내가 회사에 가거나 외출할 때면 옷매무새를 단정하게 하고 머리를 빗고 나가라고 알려준다. 타인과의 관계에서 어려운 일에 부닥치면 화를 내는 것이 아니라 차분하게 대처, 풀어나간다.

10여 년 전에 지인의 소개로 건축업자를 소개받아 단독주택을 헐고 다세대주택을 지었다. 근본적으로 인간성이 좋지 않은 건축업자는 부단히도 우리부부의 애를 태웠다. 이 모두가 내가 덕을 쌓지 않았기 때문이라고 생각했다. 한편으로 생각해 보면 그 건축업자도 불쌍한 사람이라고 생각됐다. 그렇게 생각하니 그를 미워하는 마음이 거의 사라졌다.

세상 살아가는 데 가장 중요한 것은 욕심 부리지 않고, 남을 미워하지 않고 즐겁게 살아가는 것이라고 생각된다. 이런 어려움을 당할 때 모든 것을 잊어버리자는 아내의 격려는 나에

조카 결혼식 참석차 캐나다에 함께 온 아내

게 큰 위안이 되었다. 아내가 소중하다는 생각이 들지 않을 수 없다.

아내는 분당에 있는 만나교회의 권사다. 만나교회는 송파의 우리 집 근처에 있었으나 분당이란 신도시가 생기면서 교회가 이사를 갔다. 아내는 일요일, 그리고 금요일 교회버스를 타고 분당 만나교회를 다닌다.

몇 년 전까지만 해도 열심히 교회에 다니는 아내를 못마땅하게 생각하고 불만도 털어놓았다. 교회는 일요일만 다니고 금요일에는 가지 말라고 말렸다. 아내는 내말에 아랑곳하지 않고 일요일예배, 금요일 예배, 혹은 새벽기도회, 개척교회 봉사활동, 교인들과 가는 여행 등 바쁘게 활동하고 있다.

열심히 신앙생활을 하는 아내를 대하는 나의 태도는 몇 년 전부터 바뀌기 시작했다.

그동안 나는 내가 원하는 대로 하루 종일 돌아다니며, 왜 아내가 열심히 교회활동을 하는 것을 못마땅하게 여기는가. 나만의 이기적인 생각이 아닌가. 이 같은 인식은 형평에도 맞지 않다고 생각했다.

또 아내가 교회활동을 열심히 하지 않고 온종일 집에 있다고 가정할 때 외로움이 밀려오지 않을까 생각됐다. 외로움은 우울증을 가져오고, 우울증은 치매를 수반하는 것이 아닌가.

이 글을 쓰는 중에 아내는 금요예배를 보고 밤11시 넘어 집에 온다고 한다. 나는 잘 다녀오라고 했다. 이처럼 아내를 대하는 나의 인식은 확 바뀌었다. 나는 요즘엔 동네교회에 다니고 있다.

두바이에서 생활하는 딸

나는 위로 아들 현중이와 한 살 아래인 딸 민정이를 두고 있다. 현중이는 동국대학교 전자 공학과를 나와 서울지하철공사에 합격, 1년 정도 근무하다가 다시 철도청에 시험을 쳐 전기 분야직에 근무하고 있다. 현중이는 말이 없는 과묵한 성격이다. 제가 하고자 하는 일을 묵묵히 해나가니 부모로서는 고마울 따름이다. 며느리와의 사이에 초등학교 다니는 아들 하나를 두었다.

이에 비해 가천대학교 섬유미술학과를 나온 민정이는 밝은 표정으로 말을 많이 하는 편이다. 민정이는 그림에 재주가 있다. 일본에 있는 후나보리 유치원에 다닐 때 일본여자선생이 이 아이는 미술에 조예가 있으니 잘 키우라는 언질을 주기도 했다. 여자중학교 때 강동구에서

단 한명의 대표로 전국미술대회에 뽑혔고, 대학 때는 서울시장상을 받기도 했다.

민정이는 대학을 나와 CF촬영에서 미술팀장을 했다. 이 분야에서 오랫동안 일했다. 그러나 일이 고단할 뿐 아니라 급료도 형편없이 적었다. 민정이는 자신의 전공과 다른 방향으로 진로를 모색했다. 열심히 영어학원에 다녔다. 영어방송도 열심히 들었다. 에미레이츠항공사에 들어갔다. 두바이공항에서 배기지서비스 업무를 맡고 있다. 컴퓨터로 여행객들의 가방을 찾아주는 일을 한다고 한다.

2012년 봄에 취업한 후 11월 1일 10일간 휴가를 받아 서울에 머물다 다시 두바이로 떠났다.

2013년 2월에는 딸의 초청으로 아내와 함께 두바이여행을 가기도 했다. 제 전공과는 관계없는 영어를 배워 외국으로 취업한 딸이 대견스럽기만 하다.

민정이는 항공사에 근무하던 중 두바이에서 현지 채용한 삼성전자 직원과 결혼, 유치원에 다니는 딸아이와 두바이에서 생활하고 있다.

가정과 함께 소중한 직장

과거 나와 같이 근무했던 직장동료들은 대부분 은퇴해서 집에서 쉬고 있다. 이에 비해 나는 조그만 직장이지만 회사에 다닌다는 것이 얼마나 다행인지 모른다.

동업자인 노재영 사장은 나보다 10년 아래의 나이다. 그는 이미 30

대의 나이에 전문지의 편집국장과 상무를 지낼 정도로 명석하다.

노사장은 취재관련부처의 많은 공무원들과 함께 의약업계의 많은 사람들과도 친교를 맺고 있다.

노사장은 한창 일할 나이에 대기업임원에서 물러나 집에서 쉬는 사람을 중소제약업체 오너에게 부탁, 취업을 시켜주기도 한다. 은퇴한 사람에게 제2의 인생을 살 수 있게 해주니 이 보다 더 큰 배려가 어디 있겠는가.

나는 과거 직장에서부터 이미 20년 가까이 노사장과 고락을 함께 했기에 누구보다 서로를 잘 이해하는 편이다.

노사장은 보건사회부 출입기자로 시작, 현재 식약청 출입기자에 이르기까지 30년 이상을 이 분야에서 뛰고 있다. 그러다보니 다른 어느 기자보다 이 분야에 관한한 많은 정보력과 해박한 지식을 갖고 있다. 때문에 양질의 기사를 쏟아낼 수밖에 없다.

그는 부인과의 사이에 두 아들을 두었다. 부인은 항상 웃음을 잃지 않는 명랑한 여성이다. 큰 아들은 순천향의대를 나와 서울대학병원 예방의학과에서 근무하고 있으며, 작은 아들은 중앙대 약대를 나왔다. 노사장과 만난 것도 하나님이 맺어준 인연인가보다.

인생을 멋있게 사시는 김희수 총장님

이 책의 제목이 '나는 죽을 때까지 기자다'이다. 이 말은 '나는 죽을 때까지 현역이다'라는 말과 같다. 다만 내가 걸어온 길이 글을 쓰는 직업이고, 앞으로도 죽을 때까지 글을 써야 하기 때문에 기자란 이름을 붙였을 뿐이다. 이 책의 제목과 연관되어 떠오르는 분이 있다. 85세의 나이인데도 대학총장으로 열정적으로 뛰시는 김희수 건양대학총장이다. 그는 신체나이와 정신나이가 40대의 체력을 갖고 있다.

상대방 말도 젊은이 못지않게 이해하며, 골프도 잘 치신다. 지금 이 분의 열정을 보면 '나는 죽을 때까지 총장이다'라는 제목을 붙여야 할 것 같다.

김총장은 63세에 건양대학을 설립하고, 67세에 의과대학 신설허가를 받고, 73세에 800병상 규모의 건양대병원을 지었다. 12년 째 총장직을 맡고 있는 김총장은 이제 후배들에게 물려 줘야 하지 않겠느냐고 묻는다면 그의 대답은 "노!"이다. 그는 지금도 일을 더 하고 싶고, 열정도 누구 못지않다. 솔직히 말해 자신에게 남겨진 시간은 그리 많지 않다는 것이다. 자신이 40대의 체력을 가지고 있다고는 하지만 세월의 흐름을 거스를 수는 없으므로 후배들이 자신에게 양보하라는 것이다.

이 글은 김안과 50주년 창간기념식을 맞아 출판한 '여든의 청년이 스무 살 청년에게'라는 책에서 김총장이 밝힌 것이다.

근검절약이 철저하게 몸에 밴 이 분은 나하고는 같은 광산김씨 일가이기도 해서 비교적 가까이 지내는 관계이기도 하다.

광산김씨 종친회장을 지낸 김희수씨는 현재 논산에 있는 건양대학교총장으로 재직하면서 대전에 있는 건양대학병원을 돌보고 있다. 주로 오전에는 병원으로, 오후에는 대학으로 출근하고 서울에 있는 김안

건양대 김희수 명예총장

과병원에도 자주 올라오는 편이다. 어릴 때부터 부모로부터 효에 대해 충실히 배운 김총장은 학생들에게도 인성교육을 철저히 가르치고 있다.

 연세대 의과대학에서 안과를 전공하고, 미국에서 안과기술을 배워 온 김총장은 재학 중인 7천여 명의 건양대학교 학생들에게 무엇보다도 인의예지신(仁義禮智信)에 대한 학문을 자세히 가르치고 있다.

 한번은 내가 유상옥 코리아나 화장품회장에게 건양대학에 화장품특강을 해달라고 요청, 함께 차를 타고 논산 건양대학에 내려간 적이 있다.

 김총장의 안내로 우리 일행은 교내 이 곳 저 곳을 살펴보았다. 특히 눈에 띄는 것은 지나가는 학생들이 마주칠 때마다 한결같이 예의바르게 인사를 하는 것이었다. 김총장께서는 이런 일화를 들려주었다. 서울에 있는 일류대학의 모 대학원장이 건양대학을 방문했을 때 마주치는 학생들이 꼬박꼬박 인사를 하는 것을 보고 감탄한 나머지 "우리대학에서는 내가 지나가도 우리학생들이 담배를 꼬나물고 인사를 하지 않는데 이곳에서는 낯선 사람을 처음 마주치면서 인사하는 것을 보고 놀랐다"고 하더라는 것이다. 그 대학원장은 혹시 자신이 건양대학을 방문하니까 학교 측에서 학생들에게 인사하라고 시켰겠지 하는 생각이 들었다는 것이다.

김총장께서 전공학문과 함께 철저하게 인성교육을 시킨 때문인지 그리 크지도 않은 대학이지만 현재 전국취업률 1위를 차지하고 있다.

한·일 친선교류에 힘쓰는 마미야씨

건양대학교의 김희수 총장에 대한 이야기를 하다 보니 내가 40여 년 전부터 교우를 맺고 있는 마미야 요시오(間宮良雄)라는 사람을 소개하지 않을 수 없다.

이 분은 자신의 용돈을 모아 충남 논산에 있는 건양대학교의 가정형편이 어려운 학생들을 위해 장학금을 기탁하여 남다른 '한국사랑'을 실천했기 때문이다.

이분은 일본 도쿄 소재의 한 증권회사 투자고문으로 일하고 있다.

마미야씨는 연간 1천만원씩 3년간에 걸쳐 3천만원의 오작교장학금을 기탁했다.

오작교상학금이란 견우와 직녀가 오작교에서 만나듯 양국 젊은이들이 한·일우호를 위해 현해탄을 잇는 가교역할을 해줬으면 좋겠다는 뜻에서 마미야씨가 지은 이름이다.

40여 년 전 고등학생 시절 우연히 청취한 한국의 KBS에서 일본인들에게 보내는 '현해탄에 걸친 무지개다리'라는 프로를 통해 한국에 대해 깊은 관심을 갖게 된 마미야씨는 한·일 양국이 서로 이해하며 협력하

한일친선교류에 힘쓰는 마미야씨

는 관계로 발전하길 바라는 마음에서 건양대학에 장학기금을 내 놓게 된 것이다.

펜팔친구로 시작, 40여년 간 우정을 나눠온 마미야씨는 나로부터 건양대학교를 소개받고 자신의 용돈에서 매월 일부를 저축해 매년 3명의 재학생에게 도움을 주었다.

내가 마미야씨에게 특별히 건양대학교를 소개한 데는 그럴만한 사유가 있다. 김총장의 교육방침이 인성교육을 우선시 하여 충효인의예지신(忠孝仁義禮智信)등을 철저히 가르침으로써 학생들을 예의바르고 '인간성 좋은 사람'으로 사회에 배출시키고 있기 때문이다.

아무리 좋은 대학을 나오고 부유한 가정에서 자랐다고 하더라도 인성교육이 잘못돼 있으면, 부모에게 불효하는 젊은이들이 많은 요즘에 김희수 총장의 인성교육은 높이 평가돼야 하는 것이다.

마미야씨는 와세다대학 영문과 재학시절 한.일관계친선에 기여한 공로로 박정희 전 대통령으로부터 친서를 받았으며, 박정희 대통령으로부터 초청을 받아 단독면담을 한 바 있다.

마미야씨는 40년 전 고등학교 시절 부관페리호를 통해 자가용으로 부산에서 서울까지 오면서 나이가 들어 일선에서 물러났을 때 한국의 젊은이들에게 무언가 조그마한 도움이 되었으면 하고 생각했다면서 지금도 그 생각이 변함없다고 한다.

마미야씨는 한.일 양국민은 동아시아라는 하나의 지붕아래 사는 가족으로서 전쟁이 없는 평화스런 미래의 아시아를 추구해야 할 중요한 파트너라고 말한다. 이와 함께 한.일간의 새로운 발전을 위해서는 양국의 우호관계의 장해가 되어있는 불행한 역사를 청산하고, 아시아와 세계를 위해 공헌해야 할 책임을 지고 있다는 것을 자각하지 않으면 안 된다고 말한다.

마미야씨는 특히 민간인의 교류는 정치적, 경제적인 협력과 같이 화려하지는 않으며, 오히려 10년, 15년이 걸릴는지도 모른다고 말했다. 그는 "그러나 한 사람의 인간으로서 자연스런 마음으로 행동할 때, 거기에는 진솔한 감동이 생기게 마련"이라며, "한.일 양국민이 평화스런 미래를 공유해야 할 이웃으로서의 관계를 구축할 수 있도록 앞으로도 노력을 계속하고 싶다"고 했다.

마미야씨는 아프가니스탄, 네팔 등 어려운 사람들에게도 도움을 주어왔다.

제 7 장

신문에 남긴 글들 (인물)

김승호 보령제약 회장, 한국 제약산업의 글로벌 초석 다져

한강포럼회원이기도 한 보령제약그룹 김승호 회장이 최근 90세를 맞아 자전적 회고록 '기억이 길이 되다'(부제 : 남기고 싶은 아흔 가지 이야기)를 출간했다. 그는 90세의 나이에 맞춰 90가지 주제를 가지고 이야기를 들려준다. 자신의 이야기를 쉽고 간결한 문장으로 전개, 누구나 이해하기 쉬운 자서전이다.

그는 또 약업대상을 수상하기도 했다. 김승호 회장은 이미 국민훈장 무궁화장, 한국능률협회 주관 올해의 최고경영자상, 자랑스런 한국인 대상, 다산경영인상 등 크고 이름 있는 수많은 상을 받았다. 때문에 혹자는 약업대상 수상의미를 과소평가하는 경우도 없지 않지만, 대한약사회, 한국제약바이오협회, 한국의약품유통협회 등 이른바 약업계를 대표하는 단체가 공동 주관해서 선정했기에 남다른 의미가 있다는 평가다.

필자는 오랜 기자생활을 하다 보니 40여 년 전부터 김회장을 가까이 대할 수 있었다. 그는 겸손과 양보가 몸에 밴 경영계신사다. 한강포럼 조찬세미나에 참석할 때도 그의 위치나 연세로 보아 앞자리로 권하면 사양하고 가운데 자리에 착석했다. 올해 90세인 그는 보령약국과 보령제약을 창업했다. 보령제약, 보령메디앙스를 중심으로 모두 7개의 계열기업군을 거느리고 있으며, 3천여 명의 임직원에 연간 1조원 가까운 매출을 올리고 있다. 올해 90세인 김승호 회장의 약의 인생 70년을 짚어본다.

1. 세계대중약협회 회장역임

김승호회장은 세계대중약협회 회장을 역임하면서 대한민국의 제약업계 글로벌화에 초석을 다지는데 크게 기여했다는 평가를 받고 있다. 김승호 회장 스스로도 "대중약의 일반화에 깊은 관심과 애정이 있다"고 기회 있을 때마다 말하곤 한다.

2000년 출간한 김승호 회장 회고록 '기회는 기다리지 않는다'와 2007년 출간한 경영에세이 '끝은 생각하지도 마'에서도 대중약에 대한 그의 철학과 애정을 담아 남겨 놓았다.

제약바이오부문 약업대상 수상자로 선정된 중보(中甫) 김승호(金昇浩)보령제약그룹회장은 올해 90세로 일생을 제약과 함께 살아온 제약사의 신화적인 인물이다.

보령제약그룹의 창업주인 그는 보령제약, 보령메디앙스를 중심으로 모두 7개의 계열기업군을 거느리고 있으며, 3천여명의 임직원에 연간 1조원 가까운 매출을 올리고 있다. 보령제약그룹은 보령의료봉사상, 보령 학술상 등을 제정, 참다운 의료인을 발굴, 시상함으로써 의료문화창달에 앞장서고 있다.

2. 연구 개발에 올인

김회장은 지난 1967년 용각산, 1975년 겔포스 발매를 통해 한국인의 체질에 맞는 국민의약품개발에 힘써 국민건강에 기여했다. 그는 또 1982년 중영연구소를 설립해 1988년 고혈압치료제인 '켑토프릴'개발

에 성공한 데 이어 '니트렌디
핀', '독소루비신'을 개발하는
등 그동안 수입에 의존했던
원료의약품을 국산화 하며 국
내 치료의약품 기술개발향상
에 기여했다.

제약사에 한 획을 그은 보령제약 김승호 회장

김회장은 12년의 연구개발
기간과 500억원의 연구개발비를 투자한 끝에 국산 15호 신약 고혈압
치료제 '카나브'를 개발했다. 한국인을 대상으로 한 임상시험결과 우수
한 혈압강하 효과가 검증되었으며, 기존외국고혈압신약 대비 경제적
약가로 공급함으로써 환자부담을 낮추고 보험재정을 절감하는데 기여
했다. '카나브'는 이같은 약효에 힘입어 세계 수십개국으로 수출이 폭
발적으로 이어져 연간 매출액 1천억원대의 거대품목으로 자리를 잡았
다. '카나브'는 세계가 한 울타리인 지구촌시대에 걸맞게 세계인으로부
터 사랑받는 고혈압치료제로 자리매김해가고 있는 것이다.

보령제약그룹의 오늘이 있기 까지는 창업주 김승호 회장의 피땀어
린 노력이 뒷받침되었기 때문이다. 그는 한마디로 깨끗한 성격에다 부
지런한 사람이다. 그는 아침 5시에 일어나 조간신문을 통해 기업동향,
비즈니스정보 등을 샅샅이 읽고, 아침식사를 마친 후 7시께면 누구보
다 일찍 회사에 출근하며 가장 늦게 퇴근한다. 성격 역시 깨끗하다 보
니 사무실 내에 너저분한 곳을 찾아볼 수 없다.

3. 겸손과 감사한 마음으로 생활

그는 모든 사물을 애정을 갖고 기쁜 마음으로 대하며, 겸손하고 감사한 마음으로 세상을 살아간다. 그는 또 정도를 걷는 사람이다. 그가 글로벌 스탠더드에 맞춰 경영을 하는 길만이 세계적인 회사가 될 수 있다고 강조하는 것도 바로 정도의 길을 걷고 있기 때문이다.

김회장의 하루는 24시간이 모자랄 정도로 바쁘다. 올해 90세라는 사실이 무색할 정도다. 요즘은 전 세계적으로 코로나로 인해 지켜지지 못하고 있지만 평소에는 3분의 1의 시간을 해외에서 보낸다. 제품수출로, 혹은 업무제휴로 항상 바쁘다. 국내에서도 대외활동이 많아 점심, 저녁, 휴일 스케줄은 이미 몇 개월치가 꽉 차있을 정도였다. 경영은 김은선 보령홀딩스 회장이 총괄하지만 중요한 현안이 있을 때에는 마라톤회의도 마다하지 않으며, 경영에 관한 조언을 아끼지 않는다.

김회장은 마치 일을 위해 태어난 사람인지도 모른다. 그는 일을 싫어하거나 두려워하지 않으며, 오히려 일자체를 즐긴다.

그는 일에 파묻혀 사는 인생을 즐기며 감사한 마음으로 세상을 살아가고 있다. 그가 인생에 도전하며 역동적으로 활기차게 살아가고 있는 것은 역시 일이 쌓여있기 때문일 것이다. 그는 요즘도 건강을 위해 젊은이 못지 않게 운동을 즐긴다. 특히 골프실력이 상위에 속한다. 홀인원을 3번이나 할 정도로 골프실력이 뛰어나다. 그는 간혹 골프공이 물에 빠지거나 숲에 빠질 경우 포기하지 않고 끝까지 가서 찾아온다. 그는 경영을 하듯이 골프에서도 끈질긴 그만의 집념을 엿볼 수 있다.

4. 고향이름을 딴 보령약국과 보령제약

김회장은 일제의 한민족 탄압이 극심했던 1932년 충남 보령군 웅천면 대창리에서 태어났다. 상호를 보령(保寧)으로 지은 것은 실은 고향에 대한 애정 때문이다. 이와 함께 한자 보(保)는 지킬 보자이며, 령(寧)은 편안할 령자로서 편안함, 즉 건강을 지킨다는 뜻이다. 고향 보령군을 사랑하는 애정과 함께 인류의 건강을 지켜나간다는 보령제약의 상호에 딱 들어맞는 훌륭한 작명이라 하지 않을 수 없다.

초등학교를 고향에서 나온 김회장은 서울의 숭문중학교에 진학하면서 사촌형 김인호(金仁浩)씨 집에 기숙하게 된다. 수업이 끝난 후에는 사촌형이 경영하는 약국 일을 도우면서 김회장은 이 때부터 약과의 인연을 맺게 된다. 올해 김회장의 나이 90세이니 약과의 인연을 맺게 된 것은 중학생부터 계산하면 77년이나 되는 셈이다. 그는 한 평생을 약과 함께 살아온 인생이라고 할 수 있다.

그는 6.25격전지를 돌며 육군 공병장교 중위로 제대한 후 약과의 인연을 기반으로 1957년 보령약국을 창업했다. 그는 특유의 경영솜씨를 발휘, 한때 종로거리를 걷는 다섯 사람 가운데 한 사람은 보령약국에 가는 사람이라고 할 정도로 국내 최대의 대형약국으로 키웠다. 그는 약국을 약대출신인 동생 김경호(金曔浩)씨에게 물려주고, 1963년 제약업계에 뛰어들어 국내 제약업계 톱10에 속하는 오늘의 보령제약그룹으로 성장시켰다.

최근 90세를 맞아 또 한권의 자전적 회고록 '기억이 길이 되다'(부제

: 남기고 싶은 아흔가지 이야기)를 출간한 김승호 회장에게 인생의 가치관을 어디에 두느냐고 묻자 그는 배려와 양보로 사람답게 살며, 자기가 맡은 일에 최선을 다하는 것이라고 힘주어 말한다.

〈사람답게 살기 위해서는 배려와 양보가 필요하며, 자기가 맡은 일에 최선을 다하는 것입니다. 우리는 정치가라든가, 정부의 관리라든가 하는 사람들만이 애국하는 것으로 알고 있습니다. 그러나 한 나라가 부강해지려면 위로는 대통령과 최고경영자에서부터 아래로는 말단공무원이나 말단사원에 이르기까지 국민모두가 자신이 맡은 일에 최선을 다하는 것이 나라를 위한 길이라 생각합니다. 한 나라가 성장해가기 위해서는 구성원 한 사람 한 사람 모두 소중하다고 봅니다. 이런 의미에서 볼 때 저 자신도 제약업에 일생을 몸바쳐 최선을 다해왔다고 자부합니다. 결코 후회 없는 삶을 살아왔다고 봅니다.〉

김희수 총재의 저서 '세월에서 배웁니다'를 읽고서

　서울의 김안과병원, 논산의 건양대학교, 대전의 건양대학교병원 설립자인 김희수 건양대 명예총재가 '세월에서 배웁니다'라는 책을 집필해 화제가 되고 있다.
　'명곡 김희수의 사계절 인생 그림책'이라는 부제가 달린 이 책은 봄, 여름, 가을, 겨울의 4계절로 나누어 계절에 맞게 그가 직접 그린 그림 및 글씨와 함께 인생의 격언 및 명구 등 짧은 글로 이루어져 있다.

이 책은 그가 90대에 뒤늦게 배운 그림과 서예를 곁들여 엮은 인생사에 관한 책이다. 120페이지로 된 소책자다. 간단한 그림을 곁들인 글로 비교적 부담 없이 읽을 수 있다. 필자는 오랜 기자 생활을 하다 보니 40여 년 전부터 김 명예총장을 가까이 대할 수 있었다. 그는 필자가 존경하는 인사 가운데 한 분이기도 하다.

악기들을 취미로 연주하는 김희수 총장

1928년생인 김 명예총재는 올해 우리 나이로는 97세다, 충남 논산 양촌에서 태어난 그는 연세대 의대를 졸업했다. 해군 대위로 전역한 그는 영등포에 김안과를 설립, 동양 최대의 안과 병원으로 키운 뒤 이를 바탕으로 대전에 1,300베드 규모의 대형 종합병원을 세웠다.

그는 의사로서도 성공했으며, 교육자로서도 성공했다. 자신의 고향인 충남 논산에 양촌 중고등학교와 건양대학교를 세웠다. 올해 33주년을 맞은 건양대학교는 '교육명문'과 '취업명문' 대학으로 인정받고 있다. 특히 올해 교육위원회가 선정한 글로컬 대학으로 인정받고 있다.

의사의 길과 교육자의 길이 다른 것처럼 보이지만 연관성이 크다는 것이 그의 설명이다. 의사의 사명이 인간의 육체적 건강을 책임지는 것이라면 교육자의 사명은 인간의 마음과 정신을 책임지는 일이기 때문이라는 것이다.

이 책은 그가 인생 백세가 가까워 올 때까지 치열하게 살아온 삶의 현장에서 체험한 것을 짧은 글로 함축시킨 것이다. 그는 모든 사물을 애정을 갖고 기쁜 마음으로 대하며, 겸손하고 감사한 마음으로 세상을 열심히 살아간다. 그는 고령의 나이에도 일에 파묻혀 사는 인생을 즐기며 감사한 마음으로 세상을 살아간다. 그는 97세의 나이에도 골프를 젊은이 못지 않게 잘 친다. 그는 골프를 치는 중에도 유행가 카세트를 틀어놓고 즐겨듣기도 한다. 한마디로 낙천적인 삶을 살고 있는 것이다. 낙천적인 삶을 사니까 건강하고 장수를 누리고 있다.

그는 90대 들어 그림과 서예를 배웠으며, 하모니카를 비롯 색소폰, 오카리나, 장구, 단소 등을 배워 이들 악기로 간단한 곡 몇 개 정도는 연주할 실력을 갖고 있다. 그는 일에 파묻혀 열심히 살아간다. 그리고 부지런하다. 그는 대학총장 시절에는 오전에는 대전병원으로, 오후에는 논산대학으로 출근하고 서울에 있는 김안과 병원에도 자주 들르곤 했다.

어릴 때부터 부모로부터 효에 대해 충실히 배운 그는 다년간 광산 김씨 종친회장을 역임했으며, 지금도 상임고문으로 종친회에 크게 기여하고 있다. 그의 이러한 효정신은 학생들의 인성교육과도 직결된다. 건양대학교 학생들에게 인의예지신(仁義禮智信)에 대한 학문을 자세히 가르치고 있는 것이다.

김희수 명예총장이 전공학문과 함께 철저하게 인성교육을 시킨 때문인지 건양대학은 교육 명문대학과 취업 명문대학으로 자리매김 해가고 있다. 김명예총장이 쓴 저서로는 이번에 내놓은 책 외에도 자서전 '특별한 선물'을 비롯 인생어록집 '나이를 먹어서야 시의 마음을 알게 되었네', '작은 수첩 큰 실천으로 걸어온 길' '80대 청춘이 20대 청춘에게'등이 있다.

이 책은 젊은이에서 노년에 이르기까지 읽어볼만한 의미 있는 책이다. 그가 의사로서, 교육가로서 100세 가까운 삶을 얼마나 열심히 살아왔는지를 알 수 있기 때문이다.

유상옥 회장의 '양재천을 거닐며'(아흔의 경영인)를 읽고서

유상옥(兪相玉) 코리아나 화장품 회장은 한강포럼회원이다. 수년 전부터는 거동이 불편해 한강포럼의 강연회나 한강포럼에서 주최하는 국내외 여행 등에 참석하지 못하고 있다. 그럼에도 그는 연회비는 빠짐없이 지불하고 있다. 거동이 불편하지만 건강관리를 잘 해 혈색이 너무 좋다.

유회장은 필자가 존경하는 기업인 가운데 한 사람으로서 일선기자 때부터 오랫동안 알고 지내온 분이다. 필자는 지난 10월 28일 정오 유회장이 오랜만에 식사를 같이 하자고 초대해서 압구정동 코리아나 화장품 박물관에 있는 유회장의 집무실을 찾았다. 초대받은 인사는 필자 외에 유회장과 가깝게 지내는 식품회사 회장과 제약회사 회장도 와있었다.

유회장은 최근에 집필한 책이라며 필자를 비롯한 일행 세 사람에게

코리아나 유상옥 회장

'양재천을 거닐며'라는 저서를 건네주었다.

국배폰 240페이지의 양장지에 화보를 곁들인 이 책은 유회장이 27세의 젊은 나이에 동아제약 공채 1기로 입사, 말단사원에서 과장, 실장, 이사, 상무, 계열사 라미화장품 대표이사에 이르기까지 기업가 정신으로 30여년의 젊은 청춘을 바쳐온 이야기가 담겨있다. 일종의 사진에세이다. 유회장이 최근 사진으로 기록한 일상과 지난 5년간 집필한 수필과 칼럼 20여편을 엮은 책이다.

이 책은 양재천 메타세쿼이아 길의 봄 여름 가을 겨울의 4계절, 대림 아크로빌 단지에서 보이는 백일홍과 개복숭아 나무의 화려한 꽃들, 롯데월드 타워가 아득히 보이는 양재천, 백로들이 노니는 양재천의 개울물, 양재천 변의 핑크뮬리, 아침에 뜨는 희망적이고 역동적인 태양의 모습과 아름답게 지는 석양의 모습 등 책의 절반 이상을 화려한 컬러 사진을 곁들여 독자들이 읽기 쉽게 제작했다.

또 동아제약을 퇴직한 후에는 장만기원장이 운영하는 인간개발원을 통해 만난 윤석금 웅진그룹회장과 함께 코리아나 화장품을 창업, 회사를 고속 성장시킨 이야기가 나온다.

이밖에도 이책에는 유회장이 유명한 컬렉터로서 수집한 유물 200여점을 국립박물관에 기증한 이야기, 덕수상고와 고려대 상대동문들과 얽힌 이야기 등을 실었다.

유회장은 20여 년 전 도곡동 양재천 부근 대림 아크로빌 단지에 터를 잡고 살아오고 있다. 이곳은 도시와 자연이 공존하는 곳이다. 자연풍경의 양재천이 흐르는 곳이기도 하고, 고층건물 옆으로 차량이 쉴 사이 없이 달리는 번화가이기도 하다. 숲길 아래 양재천에는 냇물이 흐르고, 물속에는 잉어들이 노닌다. 하얀 해오라기, 산비둘기, 까치, 참새 등 온갖 새들을 구경할 수도 있어 시골풍경을 그대로 옮겨놓은 모습이다. 유회장은 매일 아침 이곳을 산책하며 건강을 챙기고 있다.

이 책의 제목을 '양재천을 거닐며'로 정하고, 부제목을 '아흔의 경영인'으로 정한 것은 유회장이 올해 90세의 경영인으로서 매일 양재천을 거닐며 체력을 단련하고 있기 때문이다.

이 책은 지난 20년간 양재천 주변을 거닐며 세상의 변화를 즐겨온 자신의 일상생활과 기업가 정신으로 코리아나 화장품을 업계 3위로 성장시킨 경영인의 모습, 문화를 향유하는 삶과 뜻을 함께 한 동지들과의 만남 등이 담겨있다.

유회장은 아무리 어려운 일이 닥쳐도 결코 좌절하지 않는 물사조같은 삶을 살아왔다. 한마디로 오뚝이 같은 인생을 살아온 것이다. 그는 1933년 충남 청양에서 태어나 덕수상고를 거쳐 고려대학교 경영학과를 나왔다. 1959년 동아제약 공채 1기로 입사해 상무, 계열사 라미화장품을 거쳐 그의 나이 55세에 코리아나 화장품을 창업했다. 그의 자전적 에세이 '33에 나서 55에 서다'라는 책은 1933년에 태어나서 55세인 1988년에 코리아나화장품을 설립했기 때문에 붙여진 이름이다.

그는 위기가 닥칠 때마다 이를 묵묵히 참고 슬기롭게 극복해왔다. 필자가 가끔 유회장 사무실에 들르면 그는 꼭 박카스를 마시라고 권한다. 그는 한때 박카스 공장 건설본부장이라는 직책을 맡으면서 박카스를 성장시켜온 장본인이다. 그럼에도 그는 동아제약 내의 다른 경쟁 임원으로부터 모함을 당하고 본사에서 밀려나 적자 투성이인 계열사 라미화장품 사장으로 좌천되었다. 유회장은 누구보다 열심히 일을 해 동아제약을 성장시킨 장본인이었으나 계열사로 발령받았을 때의 심정은 하늘이 노랄 정도의 청천벽력과도 같았다고 한다. 그러나 유회장은 이를 꾹 참고 그만의 탁월한 경영노하우로 만성적자인 라미화장품을 흑자기업으로 전환시켰다.

유회장에게는 또 하나의 시련이 다가왔다. 이번에는 본사의 경쟁 임원이 "유회장이 라미화장품의 종업원 월급을 터무니없이 인상시켜 그룹 내 형평성을 깼다"고 회장에게 고자질을 한 것이다. 유회장은 할 수 없이 라미화장품을 떠나 박카스 병을 만드는 동아유리 사장으로 발령받았다. 유회장은 이 때 자신이 설자리가 없다는 것을 느끼고 30년 동안 몸 바쳐 일 해온 동아제약을 떠나 코리아나 화장품을 창업, 화장품 업계 3위로까지 고속 성장시킨 신화를 이룩했다. 한마디로 전화위복이 된 것이다.

보통사람이라면 동아제약에 대한 애증이 교차하여 서운한 감정을 드러낼 만도 한데 유회장은 그렇지 않다. 자신이 코리아나 화장품을 창업, 업계 3위로 고속 성장시킬 수 있었던 것은 동아제약에서 경영경험이 있었기 때문이라고 믿고 있는 것이다. 30년간 고생하며 청춘을 바쳤던 동아제약에 감사한 마음을 갖고 있는 것이다.

유회장은 참신한 이미지의 탤런트 채시라를 광고모델로 발탁, 코에 머드팩을 찍어 바르게 연출시킴으로써 소비자들에게 코리아나 화장품을 연상시키게 하는 극적 광고효과를 가져오게 했다. 이런 노력의 결과 머드팩은 날개 돋친 듯 팔려나갔고, 창업 5년만에 매출 100배인 1,400억원의 성장신화의 주역이 되기도 했다.

유회장은 국가에 애국하는 길은 정도경영으로 상품을 많이 팔아 세금을 많이 내는 것이라고 한다. 코리아나 화장품은 이렇게 성실히 세금을 낸 결과 1993년 납세모범기업으로 선정돼 국세청장 표창을 받았고, 1997년에는 부총리 겸 재정경제원장관 표창도 받았다.

그는 기업경영에 탁월한 재능을 갖고 있을 뿐만 아니라 미술품이나 서예 등 컬렉터로서도 유명하며, 수 십권의 수필 책을 저술할 정도로 글재주도 뛰어나. 그는 경영학박사 학위를 받고 공인회계사 자격을 취득, 고려대, 이화여대, 중앙대 등에서 겸임교수로 후학양성에도 힘썼다.

그는 이 같은 노력과 헌신의 결과 국민훈장 모란장과 문화훈장 옥관장을 받았으며, 2002년 조선일보가 발표한 '한국을 움직이는 100대 CEO'에 선정되었으며, 한국능률협회로부터는 '2003년 한국의 경영자상'을 받았다.

유회장은 대한화장품협회 회장과 국립중앙박물관 회장, 한국CEO포럼 공동대표, 덕수상고 총 동창회장 등을 역임했다.

미술품 수집가로 널리 알려진 유회장은 강남구 언주로에 수십년간 수집한 유물과 미술품을 기반으로 '스페이스 씨'를 설립하여 코리아나 박물관과 미술관을 운영하면서 상시 출근하고 있다.

유회장은 온갖 험난한 풍파를 겪었으면서도 모든 사물을 항상 긍정적으로 보고 하나님께 감사하며 살아가고 있다. 그는 항상 양질의 제품을 만들어 많은 수익을 올려 많은 세금을 냄으로써 국가에 기여한다는 정도경영을 몸소 실천하고 있다.

요즘에도 유회장은 찾아오는 손님과 집무실에 놓인 박카스를 함께 마시며 동아제약에서의 열정 가득했던 시절을 회상하며 즐거운 삶을 살고 있다. 자신이 성장시킨 동아제약의 박카스를 사랑하기 때문이다.

지성한 회우의 저서 '반추'를 읽고서

나는 지난 2월 18일 한강포럼 강연회에 참석, 지성한 회우가 지은 역작 '반추'(反芻)를 선물로 받았다. 반추란 어떤 일을 되풀이하여 음미하거나 생각하는 것을 말한다. 저자가 지난 날의 가슴 아픈 추억을 떠올리며 다시 음미하고 있기에 제목을 이렇게 달았지 않았나 생각된다.

이 책은 모두 4부로 나누어 썼다. 1부는 권력욕에 눈이 어두운 사람들이 무고한 사람을 뒤집어 씌워 억울한 옥살이를 하게 한 이른바 '윤필용장군 사건'의 이야기이며, 2, 3, 4부는 저자가 6.25전쟁 때 군에 장교로 임관하여 대령으로 예편한 후 사업가로서, 마주회장으로서, SBS이사로서, 서울 바로크 합주단 이사장으로서 각계의 많은 사람들과 얽히고 설킨 이야기

한강포럼에서 강연중인 지성한 회우

를 담았다. 귀한 만남, 소중한 인연 등을 실었다.

나는 지성한 회우가 헌병대령 출신으로서 사업가이면서 마주협회 회장을 역임했다는 점, 아들이 국회의원을 역임한 지상욱 국민의 힘 여의도연구원장이라는 점과 며느리가 유명한 탤런트 출신인 심은하라는 점 정도는 익히 알고 있었다. 그리고 저자는 외유내강의 신사풍의 사업가로서 한강포럼의 자문위원으로서 매달 한 번씩 열리는 포럼에 빠지지 않고 참석하고 있으며, 한강포럼에서 주최하는 국내여행 및 해외여행에도 열심히 참석하시는 분이라는 점 등은 알고 있다.

그러나 나는 이번에 '반주'라는 책을 통해 한 점 부끄럼 없이 정직하게 살아온 저자가 당시 박종규 청와대 경호실장과 신범식 서울신문사장의 억지로 꿰맞춘 '윤필용장군 사건'으로 1년6개월의 옥살이를 하고 무죄로 풀려나왔다는 사실은 이번에 처음 알았다.

'윤필용 장군사건'의 내막은 한마디로 신범식씨와 박종규씨가 윤필용장군과 이후락중앙정보부장을 몰아내기 위해 사전에 치밀하게 계획

된 모함사건이라는 것이다.

이 사건으로 윤필용 장군을 비롯한 장성 2명과 저자를 포함한 장교 8명에게 최고 15년에서 최하 1년까지 징역형이 선고되었다. 죄목은 업무상 횡령, 특정범죄가중처벌법 위반 등 8개항목이다. 당시 판결문은 법적 판결문이라기보다 보안사령부에서 만든 소설같은 얼토당토 않은 내용이라는 것을 알만한 사람은 다 알고 있었다는 것.

쿠데타를 모의했다는 혐의로 체포되었는데 죄목은 모두 개인비리뿐이었다. 쿠데타 모의는 전혀 근거 없는 모함이었던 것이다. 그러나 연루된 사람들에게는 씻을 수 없는 상처와 오욕을 남겼다. 윤장군을 비롯한 군인 40여명이 졸지에 군복을 벗어야 했다. 이 가운데 10여명은 실형을 선고받았다. 매우 처참했다.

저자는 왜 무고한 사람에게 엉뚱한 혐의를 씌워 구렁텅이에 빠뜨렸을까 하고 오랫동안 생각 끝에 그 해답을 찾아냈다고 한다. 탐욕, 즉 권력욕 때문이었다는 것.

신범식씨는 정치학박사로 대학교수에서 청와대 대변인과 문공부장관을 거쳐 서울신문사 사장에 오른 사람으로 더 이상 부러울게 없는 사람이었다. 그런데도 그의 욕망은 굶주린 야수처럼 강렬해서 신문사 사장에 만족하지 못하고 정부요직에 오르고 싶다는 야욕으로 가득 차 있었다는 것이다.

그와 함께 모함시나리오를 짰던 박종규 경호실장은 박정희 정권을 떠받치는 네 기둥중의 하나였다. 그러나 경호실장에 만족하지 못하고 중앙정보부와 같은 방대한 조직을 이끌고 싶은 욕심으로 가득 차있었다.

이후락 중앙정보부장은 2인자로 날로 기세가 등등해져갔고, 윤필용장군은 대통령의 총애와 확고한 지지세력을 확보한 상태에서 두 거목의 입지가 강화될수록 신범식씨나 박종규씨가 비집고 들어갈 틈은 점점 사라져갔다.

권력욕으로 눈이 맞은 신범식씨와 박종규씨는 두 거목을 무너뜨릴 기회를 엿보던 끝에 대통령에게 "측근을 조심하십시오"라는 거짓충언과 함께 시나리오에 따라 윤필용장군이 대통령을 험담하며 후계자를 논했다고 보안사령부에 밀고했다.

한마디로 윤필용장군 사건은 신범식씨와 박종규씨가 손잡고 윤필용장군을 모함하는 시나리오라는 것이다.

저자는 탐욕은 끝이 없는 것으로 만족을 모르는 사람은 가난한 사람이라고 정의하고 있다. 이와 함께 탐욕은 사람을 초라하게 만든다고 일갈한다.

2부에서는 서자가 많은 사람들과 인간관계를 쌓으면서 보고 느낀 것을 서술하고 있다. 이 책을 읽다 보면 평소 저자의 인생관, 철학관, 가치관 등을 읽을 수 있다. 그리고 지혜를 얻고 감동을 받는다.

저자는 1981년 어느 추운 겨울날 약속이 있어서 외출했다가 뇌출혈로 쓰러졌다. 쓰러진 후 인근병원에서 응급조치를 받고 서울대병원으로 보내졌다. 한달 후 의식이 깨어나 담당 주치의로부터 최선을 다

할테니 수술을 하라는 권유를 받았다. 그러나 저자는 수술이 잘못되면 반신불수가 될 수 있다는 말을 듣고 하나님께 맡기기로 하고 수술을 거절했다. 인명은 (人命)은 재천(在天)이니 하늘에 맡기자고 수술을 거절한지 40년이 지났지만 지금까지 아주 건강하게 살고 있다는 것이다. 저자가 얼마나 강인한 집념을 갖고 있는지 존경스럽기만 하다.

저자는 이병철 삼성그룹회장의 차남인 이창희 새한미디어그룹 회장과 보성고등학교 동기동창으로 가까이에서 그를 지켜봤다. 그는 독창적인 아이디어로 사업을 하며, 2~3년 전의 매출실적을 꿸 정도로 기억력이 뛰어났다고 한다. 계산기를 옆에 두고 무엇이든 숫자로 환산해내는 탁월한 능력의 소유자였다. 이창희씨는 이같이 뛰어난 능력과 부지런함으로 사업에 매진한 결과 창업 10년만에 100대 재벌에 진입할 정도로 큰 성과를 거두었다고 한다.

저자가 평소 가까이 지냈던 사람 가운데 한 사람이 최서면(崔書勉)국제한국연구원 원장이다. 한강포럼초청으로 강연을 한 바 있는 최원장은 1957년 일본으로 건너가 1998년 귀국할 때까지 30여년간 한·일관계 자료를 수집하고 연구해온 인물이다. 일본의 저명한 대학교수, 언론사 논설위원 등 내로라 하는 지식인 50여명이 최서면 원장을 중심으로 한 간담회를 조직해서 지금까지도 운영하고 있다.

평소에 가나야마 마사히데(金山政英) 전 주한일본대사는 최서면씨를 통하지 않고는 한국과 일을 할 수 없다고 할 정도로 그를 높이 평가했다고 한다. 가나야마 대사는 죽기 전에 "나의 시신을 한국 땅 최서면씨의 가묘 옆에 묻어 달라. 죽어서도 한·일간의 친선과 친화를 돕고 지켜보고 싶다"는 유언을 남겼다고 한다. 그의 유언에 따라 1997년 가나야마대사의 유골이 벽제 천주교 서울대교구 삼각지 본당 하늘 묘원에 있는 최서면씨의 가묘 옆에 묻혔다. 죽은 뒤에 유골로라도 곁에 묻히고 싶어 하는 벗이 얼마나 있을까. 최서면씨와 가나야먀 대사의 깊은 우정이 부럽기만 하다고 밝히고 있다.

저자는 이밖에도 육사 14기 출신으로 윤필용수경사령관의 비서실장을 거쳐 전역한 후 한전사장으로 뛰어난 경영실적을 올린 박정기씨의 이야기, 조선일보 편집국장, 대우전자 사장을 역임한 김용원 한강포럼 회장의 해박한 미술에 관한 이야기 등을 다루고 있다.

저자는 이력에서 볼 수 있듯이 6.25전쟁이 일어나자 군에 입대, 조국을 지킨 대한민국을 사랑한 진정한 애국자이다. 항상 진리를 탐구하는 학구적인 분이다. 그는 역사서 등 책을 꾸준히 읽는다. 그리고 긍정적인 생각을 가지고 있으며, 겸손하며 남을 배려할 줄 아는 분이다. 한강포럼에도 자문위원을 맡으면서 매월 빠지지 않고 참석한다.

저자는 성공신화가 아닌 생존신화를 쓰고 싶다고 밝히고 있다. 성공은 쉽게 과거형이 되지만 생존은 언제나 현재진행형이기 때문이라는 것이다.

이 책은 한마디로 인간 지성한의 자화상이라고 할 수 있다. 이 책을 통해 저자와 얽힌 많은 사람들과의 관계에서 지성한 회장의 90년의 파란만장한 인생역정을 읽을 수 있기 때문이다.

법과 원칙에 따라 밀어붙이는 소신 있는 정치인 '최병렬'

　서울 법대 3학년에 한국일보에 입사, 조선일보로 옮겨 편집국장을 역임하고 정치에 뛰어들어 한나라당 대표와 서울시장을 역임한 최병렬씨가 2일 84세를 일기로 별세했다. 고인과 평소 가깝게 지냈던 한 사람으로서 빈소를 찾아 문상을 하다 보니 인생이란 참으로 무상하다는 생각이 든다.

　필자는 고인과는 각별한 인연을 갖고 있다. 1979년 조선일보에 입사, 기자로 근무할 때 고인은 사회부장으로 근무했다. 당시 조선일보는 60주년을 맞아 신동호 편집국장이 논설위원으로 자리를 옮기고 김용태 부국장이 국장으로 승진, 불과 6개월만에 국회로 진출하는 바람에 최병렬 부국장이 국장으로 승진했다.

　그는 국장으로 승진하자 "기자란 어려운 시험을 뚫고 입사했다 해서 그것으로 만족해서는 안된다. 항상 책을 가까이 하지 않고는 날로 급변하는 치열한 경쟁사회에서 살아남을 수 없다"고 말한 뒤 편집국장석 뒤편에 큼직한 책장을 설치했다. 시사성 신간 서적을 빼곡히 채운 뒤 기자들이 책을 읽게 함으로써 의무적으로 독후감을 써내게 했다.

　그는 윗사람에게 아부하지 않으며, 할 말은 하는 사람이다. 그가 편집국장으로 취임하고 얼마 되지 않아 식사 자리에서 기자들이 월급을 올려달라고 했다. 그는 남에게 방회장님이라고 하는 호칭을 쓰지 않았다. 그렇다고 교만한 것은 아니고 배짱이 있다는 이야기다. 그는 "방씨 형제들이 돈을 뒤로 빼돌리고 여러분들에게 급료를 올려주지 않을 사람들은 아니다"라며 자신을 믿고 기다려 달라고 말했다.

그는 리더십도 강하다. 어느날 편집국 모 부서 차장이 다른 부서 부장과 부서의 업무영역을 놓고 전

왼쪽에서 두번째가 필자, 네번째가 고 최병렬 전 서울시장

화기를 던지며 격렬하게 싸우고 있었다. 이 싸움은 좀처럼 끝나지 않고 있었다. 이 광경을 지켜보고 있던 최병렬 국장은 차장을 밖으로 데리고 나갔다.

얼마 후 차장은 편집국에 들어오자 마자 싸움당사자인 부장에게 깍듯이 "O선배, 제가 생각이 짧았습니다. 제가 잘못했습니다"라고 깍뜻이 사과하지 않는가. 최병렬씨는 이렇게 부하직원을 단시간에 설득시키는 리더십이 있다.

그는 한국일보에서 편집기자로 시작해서 조선일보로 옮겨 편집부 차장으로 승진했다. 다시 정치부 차장으로 발령받았다. 그는 당시 편집국장에게 "저는 편집부에서만 근무해온 내근기자로서 정치부 차장으로 취재하기는 어려우니 정치부 기자로 발령을 내주시오"라고 해서 회사에서는 이를 수락해주었다고 한다.

그는 좋아함과 싫어함이 극명한 사람이다. 이러한 성격 때문에 정치인으로서 손해를 많이 보는 것 아니냐는 이야기를 주위 사람들로부터

종종 듣는다. 자기가 싫어하는 사람도 두루뭉술하게 끌어안으면 자기 사람이 되어 정치인에게는 큰 수확이 되기 때문이다.

그러나 그는 한번 싫어하는 사람과는 절대 가까이 하려 하지 않는다. 그는 이러한 완고한 고집 때문에 '최틀러'라는 별명을 얻었다.

그는 조선일보에 근무할 때도 불같은 성격이었다. 기자가 낙종하거나 기사를 잘못쓰면 불호령을 내린다. 독선적이라 할 정도로 혹독했다. 이같이 그의 불같은 성격 때문에 사원들이 읽는 사보에 어느 기자가 최병렬씨를 가리켜 악바리 부장이라고 혹평하기도 했다.

그는 경남 산청 출신으로 가정형편이 어려운 집안에서 태어나 진주중학을 졸업했다. 부산고등학교에 합격하고 가정 형편으로 입학시키기 어렵게 되자 중학교 담임선생은 최병렬씨 어머니에게 "최병렬군은 머리가 좋아 큰 인물이 될 사람입니다. 입학등록금은 제가 내줄테니 꼭 고등학교에 진학시키십시오"라고 해서 부산고등학교에 입학하게 되었다고 한다.

최병렬씨는 이런 말을 몇 번인가 들려주었다. 전두환 전 대통령을 백담사로 보낸 사람들 가운데 최병렬씨를 1위로 지목하고 있었다. 전두환씨가 손봐야 할 사람중 최병렬이 1위라는 말이 세간에 떠돌았다. 최병렬씨는 전두환씨가 피신할만한 곳을 전국에서 찾아보았지만 백담사가 제일 적합하다고 했다. 전두환씨가 백담사에서 은둔생활을 마치고 다시 연희동 자택으로 돌아왔다. 최병렬씨는 연희동 자택을 찾았다. 그는 전 두환씨에게 "제가 당시 각하를 백담사로 피신시키지 않고 연희동 자택에 머물게 했다면 어떻게 되었겠습니까. 근처에 있는 대학교의 학생들이 떼 지어 몰려와 연일 돌팔매질을 했다면 과연 백담사에서 지내는 것처럼 무사할 수 있었겠습니까"라고 말하자 전두환씨는 "그건 자네 말이 옳다"고 했다고 한다.

그는 박근혜씨를 대통령으로 당선시키는데 큰 공헌을 했다 해서 '7인회 멤버'로 불리기도 했다. 최병렬씨를 박근혜정부의 요직에 앉혔다면 박근혜 대통령은 절대 탄핵을 받는 일은 없었을 것이라고 많은 사람들이 아쉬워하기도 한다.

그는 한국일보 편집기자로 입사해 조선일보로 옮겨 정치부장, 사회부장, 부국장, 편집국장겸 편집이사를 역임했다. 정계로 옮겨 4선의원을 지내고 당대표까지 했다. 노태우 정부 들어서는 청와대 정무수석, 문화공보부장관, 공보처장관, 노동부장관을 역임했다. 그는 접시론으로 세간의 화제가 되기도 했다. 그는 서울시장에 취임한 후 시청직원들에게 "접시를 닦다 깨는 것은 괜찮지만 접시깰까봐 아예 닦지 않는 것은 용서하지 않겠다"는 불호령을 내렸다.

그는 언론계에서는 조선일보 대표이사를 지낸 안병훈 출판사 기파랑 대표와 서울법대 동기생으로 가깝게 지내온 사이이며, 역시 조선일보 편집국장을 역임한 인보길 뉴데일리 회장과도 절친하게 지내왔다. 한국일보에서 편집기자로 최병렬씨와 같이 근무하다 조선일보로 옮긴 이상우 전 한림대 총장과도 가깝게 지냈다.

최병렬씨는 12년 전인 메디팜헬스뉴스를 창간할 때 마포에 있는 사무실까지 와서 창간축하를 해주었다. 그는 "정론직필로 독자들로부터 사랑받는 신문이 되어달라"는 축사를 해서 많은 하객들로부터 뜨거운 박수를 받았다.

이제 한 세대를 풍미하고 살다 간 언론계와 정치계의 한 거목을 잃었다. 저세상에서도 이세상에서와 같이 지혜롭고 용기있는 삶을 살기를 기원한다.

제 8 장

신문에 남긴 글들 (여행)

메이지유신 150주년, 그 발상지를 찾아서

부국강병의 성공모델이라 할 수 있는 일본의 메이지유신(明治維新)이 일어난지 올해로 150주년이 된다. 150년 전인 1868년 사쓰마번(가고시마현)과 조슈번(야마구치현)을 비롯한 반막부(反幕府)세력이 마침내 궁정쿠데타를 일으켜 천황의 이름으로 막부를 해체시키고 같은 해 10월 23일 새 시대의 연호를 메이지로 정한 사건을 두고 이른바 메이지유신이라고 한다. 19세기 중반 도쿠가와막부의 붕괴에서 명치유신에 이르는 일본의 근대화과정은 자력으로 성공한 것이지만, 반면 우리에게는 망국의 한을 안겨준 통한의 역사이기도 하다.

필자는 지난 12월 4일부터 7일까지 3박4일의 일정으로 조선일보에서 주최한 메이지유신 발상지 탐방을 마치고 돌아왔다. 이 여행을 위해 일본 근현대사를 전공한 이광훈 카이스트 객원교수가 동행, 가는 유적지마다 명치유신과의 관계 및 우리나라에 얽힌 관계 등 해설을 맡아주었다.

메이지유신은 19세기 중반부터 후반까지 일본열도에서 일어난 거대한 사회변혁이다. 이 변혁으로 일본은 엄청나게 변화했다. 19세기 말까지 미국과 서유럽의 몇 나라를 제외하고 산업혁명과 헌정정치를 이룬 나라는 일본뿐이다. 그렇다면 이런 대변혁은 어떻게 해서 가능했을까. 일본의 대변혁을 이끈 메이지유신을 알기 위해서는 그 발상지를 찾아 역사적인 발자취와 배경을 살펴보는 것이 순서라고 생각했다.

12월 4일 8시 인천공항에서 후쿠오카로 출발하는 대한항공여객기

메이지유신의 초석이 된 다카스기 신사쿠의 동상

에 몸을 실었다. 첫날 처음으로 도착한 곳은 야마구치현에 있는 인구 5만여명의 작은 도시 하기(萩). 조슈번의 본거지였던 하기는 왕정복고의 이론적 토대가 되었던 '천황국가'사상이 태동한 명치유신의 발상지다.

이곳은 메이지유신 주역들을 길러낸 요시다 쇼인(吉田松陰)이 세운 쇼카손주쿠(松下村塾)가 있다. 요시다 쇼인은 메이지유신 주역들의 정신적 스승이다. 요시다 쇼인은 이 조그만 시골학숙에서 신분출신을 가리지 않고 90여명의 청년들을 가르친 결과 다카스기 신사쿠, 구사카 겐스이, 이토 히로부미, 야마가타 아리토모, 가쓰라 다로, 미우라 고로 등 메이지 유신의 주역들이 무더기로 쏟아져 나왔다. 이토 히로부미와 야마가타 아리토모는 신분이 미천한 천출이다. 요시다 쇼인은 출신을 가리지 않고 배우고자 하는 열정과 의욕이 있는 청년에게 포용력 있게 학숙을 개방한 것이다. 이토 히로부미는 우리에게 천추의 한을 남긴 인물이지만 일본의 근대화과정에서 누구와도 비교할 수 없는 뛰어난 업적을 남겼다.

존왕양이(尊王洋夷)의 기치아래 강대한 해양세력에 겁도 없이 포문을 열었던 조슈번은 미, 영, 프랑스, 네덜란드 등 4개국 연합함대의 포격에 무력의 열세를 절감하고 개국, 개항으로 돌아서 무서운 속도로 신문물을 받아들이기 시작했다. 비슷한 시기 영국함대와 일전을 벌였던 사쓰마번도 마찬가지 과정을 거쳐 조슈번과 함께 근대화의 주역으로 발돋움했다. 병인양요와 신미양요를 거치면서 더욱 쇄국의 고삐를 잡아당겼던 우리나라와 비교해보면 선비와 사무라이의 대응방식이 판이하게 달랐다는 것을 알 수 있다.

이틀째는 다다미 152장의 대연회실을 갖춘 일본 최대의 요정 사이코데이(菜香亭)를 찾았다. 조슈번이 메이지유신의 주역이 되면서 각지에서 유신지사들이 모여들어 메이지유신과 조선침략을 모의했으며, 이곳을 다녀간 메이지유신 주역 대부분의 휘호가 걸려있다. 500여명이 회의를 할 수 있는 이 곳은 이 지역출신의 사토 에이사쿠 수상이 노벨평화상을 수상했을 때 축하연이 열렸던 장소이기도 하다. 기시 노부스케 전 수상의 동생이며, 아베 신조 현 수상의 종외조부인 사토수상은 지난 74년 수상으로 재임시 가고시마의 조선도공 14대 심수관에게 자신의 조상은 임진왜란 이후 조선에서 일본에 왔다는 새로운 사실을 털어놓기도 했다.

이어서 유신주역들의 정신적 스승인 요시다 쇼인의 제자가운데 가장 두각을 나타냈던 다카스기 신사쿠(高杉晋作)의 무덤이 있는 도고안(東行庵)을 찾았다. 도고(東行)는 다카스기의 아호다. 다카스기 신사쿠가 메이지유신 전 해인 1867년 폐결핵으로 사망하면서 묻힌 곳이다.

신사쿠에게 발탁돼 그의 수족으로 메이지시대를 주름잡았던 이토 히로부미와 야마가타 아리토모가 총리직에 오른 후 묘역을 성역화하여 국가적인 성지로 보존되고 있다.

안중근 의사에게 암살되기 얼마 전 이토 히로부미는 다카스기 신사쿠에 대한 비문을 이렇게 썼다.

〈움직이면 번개와 같고, 일어서면 비, 바람. 사람들은 감히 그를 똑바로 바라보지 못한다. 그 누구를 다카스기에 견줄 것인가.〉

여행 3일째 되는 날에는 임진왜란 때 일본으로 끌려간 도공 이삼평(李參平)의 14대후손이 운영하는 사가켄 아리타의 도자기상점을 찾았다. 도자기상점 근처에는 초대 이삼평을 모시는 도산(陶山)신사가 있다. 일본정부는 1917년 백자탄생 300주년을 기념하여 도산신사에 도조(陶祖) 이삼평비를 세웠다. 이삼평에 대한 일본인들의 경외심이 어느 정도인지 알 수 있다.

메이지유신 발상지 탐방 마지막으로 찾은 곳은 일본에서 2번의 총리를 역임했으며, 와세다대학 설립자인 오쿠마 시게노부(大隈重信)의 생가와 기념관이다. 조슈번과 사쓰마번 체제로 정국이 개편되면서 이에 강력한 반기를 든 인물이 자유민권파의 오쿠마 시게노부다.

그는 일찍부터 네덜란드에서 전래한 신학문(蘭學)을 배웠고, 영어교육까지 받아 메이지유신을 이끈 지도자중에서는 누구보다 개방적이며

합리적인 사고방식을 가졌다.

이같은 호방한 성품 때문에 그의 저택에는 항상 사람들의 발길이 끊이지 않았다. 한 해 찾아오는 방문객이 총리대신을 역임한 야마가타 아리도모,

요시다 쇼인이 제자들을 양성한 쇼카 손주쿠

이노우에 가오루 등 굵직한 정치인을 비롯 2만3천여명이나 되었다.

오쿠마 시게노부는 1914년 두 번째 총리를 지내면서 1차세계대전시 일본이 독일에 선전포고를 하고 미, 영, 프랑스 등 승전국편에 서게 하여 다이쇼(大正)시대 일본의 호황을 이끌어냈다. 그는 와세다대학을 설립하여 1907년부터 말년에 이르기까지 총장을 지냈다.

필자도 한국언론연구원의 장학금을 받아 33년 전인 1985년 와세다대학 대학원에서 연구과정을 마치고 돌아왔다. 이곳 오쿠마 시게노부가 성장한 생가에서 그의 기념관과 동상을 보니 33년 전 도쿄 와세다대학 교정에 서있는 오쿠마 시게노부의 동상이 떠오른다.

필자는 '역사란 유적과 유물을 남기고, 유적과 유물은 역사를 증언한다'는 말을 어느 사학자로부터 들은 적이 있다. 이번 메이지 유신의 유적지와 유물을 찾아서 단지 역사의 실상을 있는 그대로 알아보려고 나선 것은 아니었다.

우리나라가 왜 일본에 침략을 당하지 않으면 안되었는가를 알아보기 위해서였다. 앞에서도 밝혔듯이 일본은 쇄국은 했지만, 막상 서구열강과 겨루어보니 상대가 안된다는 것을 자각하고, 총을 수입해서 이를 몇 십배 화력이 강한 총으로 개량하고, 제철소를 만들어 대포를 만들었으며, 자체기술로 증기기선을 만들어 선진국들과 어깨를 겨루었다.

우리에게도 통상교섭을 위해 외국의 군함들이 찾아오는 등 기회가 없었던 것은 아니었다. 그러나 우리나라는 여러 가지 요인이 있겠지만 일본과는 달리 서구열강의 문물을 받아들이려고 하지 않고 오로지 쇄국에만 매달린 것이 일본과 판이하게 다른 결과를 가져오지 않았나 생각된다.

우리나라가 최저임금 실시, 근로시간 단축 등 소득주도성장 정책으로 실업자가 무수히 쏟아져 나오는 이때 미일 동맹으로 탄탄한 정치노선을 이끌고 있는 아베 신조내각이 우리나라의 실직자를 모집해가는 광경을 보고 착잡한 마음을 지울 수 없다.

뮌헨을 다녀와서

지난 9월 19일 인천공항을 떠나 8일간의 일정으로 두바이를 거쳐 독일뮌헨일대의 여행을 마치고 돌아왔다. 아내와 딸과 함께 세 식구만의 조용한 가족여행이었다.

9월 19일 밤 11시 30분에 인천공항을 출발한 에미레이트항공의 에

어버스 380은 다음날 아침 9시30분이 돼서야 두바이에 도착했다. 꼭 10시간이 걸린 셈이다.

한국시각은 4시 30분으로 두바이보다 약 5시간 빠르다. 숙박 장소인 아틀란티스호텔로 향했다.

독일 뮌헨의 맥주축제 옥토버페스트

이 호텔은 건설비가 무려 15억달러를 들인 럭셔리호텔이다. 두바이 인공 섬 중의 하나인 팜 주메이라 섬의 정점에 위치한 이 호텔은 6성급 호텔이다. 이 호텔에 도착하는 순간부터 인간의 상상력으로 이루어진 호텔의 인테리어와 외관에 압도당하게 된다. 이 호텔은 뻥 뚫린 호텔 한 가운데를 중심으로 오른쪽은 웨스트하우스, 왼쪽은 이스트하우스로 나뉘어져 있다. 내가 숙박한 곳은 웨스트하우스의 22층이다. 호텔 1층에는 두바이가 천연진주로 유명했던 시절을 그리워하듯 대형조개와 진주를 만들어놓은 조형물을 볼 수 있다.

이 호텔이 자랑하는 것은 부속건물인 두바이 최대의 대형수족관, 대형수영장, 가족이 비닐튜브를 타고 함께 즐길 수 있는 물놀이 공원, 그리고 하얗고 넓은 호텔전용의 백색해변이다.

외관의 햇살이 수족관 안으로 비추고 무지개 빛 햇살 사이로 유영하는 각종 물고기를 바라보는 즐거움은 마치 바다 속에 와있는 느낌을 준다. 한마디로 환상적이다.

물놀이공원은 약 10층높이의 미끄럼틀에서 한 사람, 혹은 두 사람이 1인용, 혹은 2인용 비닐튜브를 타고 유영장까지 내려오도록 설계돼 있다. 출발하면 쏜살같이 내려오다 중간에서는 서서히 내려가면서 천정과 양쪽으로 각종 물고기들이 노는 모습을 관람할 수 있다.

다음날 두바이공항에서 비행기를 타고 6시간만에 독일 뮌헨에 도착했다. 하룻밤을 자고 시내에서 열리는 맥주축제인 옥토버페스트를 관람했다. 9월 22일 일요일이다. 9월 셋째주 토요일부터 10월 첫째주 일요일까지 2주간 열린다. 축제에는 매년 600만명이 다녀간다고 한다. 올해로 180회를 맞는 옥토버페스트는 브라질 리우 카니발축제, 일본 삿포로의 눈축제와 함께 세계 3대축제로 불린다.

오전 11시쯤 되자 각종 악대를 앞세운 여러 마리의 말이 끄는 꽃마차, 꽃으로 장식한 자동차 등이 나타나자 수많은 관객이 탄성과 환호성을 터뜨린다. 독일전통복장을 입고 축제를 즐기는 사람들이 많다.

1시간 이상 퍼레이드를 구경한 다음 마리엔 광장의 신시청사로 발길을 옮겼다. 이곳의 명물은 독일 최대의 인형시계인 글로켄슈필. 매일 11시, 12시가 되면 사람 크기의 인형들이 나와 10분 동안 종소리에 맞춰 춤을 춘다.

이곳 광장에서는 많은 사람들이 모여 맥주를 마시며 담소를 나눈다. 이곳뿐만 아니라 카페, 공원, 레스토랑 어느 곳이든 맥주마시는 인파로 북새통을 이룬다.

오후에 열차를 타고 오스트리아의 찰스부르그를 구경한 다음 히틀

러별장과 쾨니히호수가 있는 베르히데스가덴으로 향했다. 가는 길에 옥수수 밭, 한가로이 풀을 뜯어먹는 소떼들, 넓은 들판, 낮은 산, 한 폭의 그림 같은 아담한 마을이 군데군데 보인다.

베르히데스가덴은 독일 알프스를 대표하는 경승지다. 지리적으로 독일의 동남쪽 끝 험한 산세 사이에 생긴 도시다. 하늘을 찌르는 알프스의 봉우리들과 넓은 쾨니히 호수가 가까이 있어 많은 사람들이 찾는다.

하룻밤을 자고 쾨니히호수로 갔다. 이 호수는 왕의 호수라는 뜻으로 독일에서 가장 깨끗하고 아름다운 호수라고 한다. 계곡의 깎아지른듯한 절벽사이에 있는 아름다운 호수다. 호수가 폭이 좁고 위아래로 길기 때문에 마치 강처럼 보인다.

유람선을 타고 가자 중간에서 배가 멈춘다. 선장은 트럼펫을 꺼내어 한가락씩 연주하다 멈춘다. 멈출 때마다 트럼펫소리는 바츠만산의 암벽과 높은 산봉우리에 반사되어 메아리친다. 환상적인 분위기를 자아낸다.

40여분이 지나자 성 바르톨러메 수도원에 도착했다. 이곳에서 점심식사를 했다. 송어요리가 일품이다. 알프산 산맥의 중간지점까지 산행을 했다. 쉴 새 없이 걷다보니 다리가 뻐근하다.

중간지점에는 눈이 쌓여 하나의 동굴을 형성하고 있다. 대부분의 관광객은 이곳을 목적지로 정하고 올라왔다가 다시 선착장인 수도원으로 하산한다.

24일 오전 매의 둥지로 불리는 켈슈타인 하우스로 갔다. 산꼭대기에 있는 히틀러별장을 보기 위해서다. 가파른 길을 올라가는 버스에서 창밖을 내려다보니 고소공포증이 느껴진다. 해발고도 1,843미터. 아래로 펼쳐진 풍경이 절경이다. 다시 엘리베이터를 타고 별장에 오른다. 별장은 레스토랑으로 사용되고 있다.

정상에는 십자가 탑이 있다. 희생된 유대인을 기리는 위령탑이다. 이곳에서는 사방으로 날아다니는 많은 매를 볼 수 있다. 매가 사람과 상당히 친화적이어서 마치 비둘기에게 모이를 주면 모여들듯이 필자가 과자를 한 봉지를 꺼내 조금씩 나눠주자 여기저기서 매들이 모여든다. 과자를 공중에 올리면 매들이 서로 다투며 과자를 채간다.

오후에는 마지막 여행지인 소금광산을 구경했다. 광부가 입는 옷으로 갈아입고 뚜껑이 없는 박스같은 전동차에 몸을 싣고 앞사람의 허리를 잡고 동굴 속을 지난다. 지하 갱 속으로 들어가는 것이다. 장비와 굴착기 같은 것들로 어떻게 소금 산을 파고 운반하는지 그 과정을 하나 하나 상세히 보여주었다.

이곳은 벽이며, 천장이며 온통 소금덩어리다. 현관 앞에 세워놓은 소금기둥에 대고 손가락으로 문지른 다음 혀에 갖다 대니 매우 짜다. 지하 동굴을 수직으로 내려갈 때는 미끄럼틀을 이용한다. 몇 사람씩 짝을 지어 앞사람을 꼭 잡도록 한다. 안내원이 맨 뒷사람을 살짝 밀면 일행이 앗~하고 겁을 먹은 사이에 갱에 도착한다.

두바이의 물놀이공원에서 미끄럼틀을 탈 때와 같은 기분이다. 이어서 소금물연못이 있고 이곳에서 배를 타고 다시 전동차를 타고 출구로 나온다.

이곳 소금광산을 둘러본 관광객들은 너나할 것 없이 매장에서 판매하는 소금을 사가지고 돌아간다.

베르히데스가덴에서의 3일간 여행을 끝으로 다시 뮌헨과 두바이를 거쳐 26일 오후 5시경 인천공항에 도착했다.

이번 8일간의 독일여행은 나에게는 조용하고 아름다운 관광여행 못지않게 독일 국민들의 검소함을 자동차에서 엿볼 수 있었다.

시내와 시골길을 달리는 벤츠, BMW, 아우디, 폴크스바겐 등 대부분의 차들이 배기량이 높은 고급형의 세단이 아니었다. 뒤에 짐을 싣는 밴이 많다는 것이었다. 밴은 가족들과 함께 시장을 보거나 여행을 갈 때 편리하므로 독일인들은 실용적인 것을 선호하지 않나 하는 생각이 든다.

이번 두바이와 독일여행은 나에게 또 하나의 잊지 못할 추억거리가 될 것이다.

대한언론인회보 기고용 이집트 여행기

아랍에미레이트 연합(UAE)항공사인 에미레이트 항공사에 근무하는 딸의 주선으로 지난 2월 아내와 함께 2주간의 이집트 및 아랍에미레이트연합 여행을 마치고 돌아왔다.

딸(김민정)은 에미레이트 항공사 직원으로 두바이 공항에서 근무를 하고 있다. 딸은 나와 아내(안수자)의 여행을 위해 여행스케줄을 짜고 여행지의 숙박업소에 전화 및 인터넷으로 예약을 해놓았다. 딸은 우리 부부의 관광안내를 위해 한달간의 특별휴가를 받았다.

2월 10일 오후 11시 55분 인천공항에서 에미레이트 항공을 타고 다음날 새벽 5시(현지시간) 두바이에 도착했다. 다시 버스를 타고 아랍 에미레이트 연합 수도인 아부다비로 이동했다.

세계에서 가장 큰 이슬람 사원 중 하나인 그랜드모스크를 구경했다. 이 사원은 특유의 둥근 지붕과 높은 첨탑을 자랑하며 아랍의 현대적 건축미를 가장 잘 살린 사원답게 웅장하고 우아한 위용을 드러내고 있다. 크고 작은 돔 지붕 82개를 갖춘 거대한 규모와 정교한 실내 장식으로 보는 이를 압도한다. 내부를 관람하려면 여성은 반드시 가리개인 히잡을 입고 가야 한다. 필자의 아내와 딸도 히잡을 걸친 후에 입장이 허락됐다. 현대에 와서 이슬람권에서도 여성들의 인권보호나 사회참여 등을 주장하는 페미니즘 운동이 일어나면서 히잡을 비롯한 전통의상이 여성을 억압하는 수단이라 하여 착용하지 않는 여성들도 늘어나고 있다고 한다. 그러나 거리에서 만나는 여성은 예외 없이 히잡을 입고 다녔다.

오후 비행기를 타고 이집트 수도 카이로 공항에 도착, 약 1시간 떨어진 숙소까지 택시를 타고 갔다. 카이로 주변에는 수많은 아파트와 단독주택들을 짓고 있었다. 카이로 주변은 나일강변의 비옥한 땅이 자리하고 있으므로 수많은 사람들이 이곳으로 몰려오고 있기 때문이란다.

인구가 8,000만인 이집트는 국토넓이는 100여만평방미터로 우리나라의 약 5배에 달한다. 저녁식사는 사육비둘기요리를 하는 경양식집으로 갔다. 비교적 입맛에 맞았다. 우리나라 돈으로 환산해서 700원어치의 빵을 샀다. 국내라면 7,000원어치는 족히 되는 것 같다.

12일 아침 6시에 기상. 기자고원에 최초로 들어선 쿠푸왕의 피라미드와 그의 아들 카프라왕의 피라미드, 그의 손자 맨카우레 피라미드를 구경했다. 기자고원에 최초로 들어선 쿠푸왕의 피라미드는 높이가 147미터로 약 250만개의 거석으로 지어졌다.

카프라왕 피라미드의 바로 앞에 앉아있는 몸길이 74미터, 높이 20미터나 되는 웅장한 스핑크스상은 바위언덕을 통째로 깎아 사자의 몸과 인간의 머리를 가지고 있는 신화적인 동물의 모양을 만들어 카프라왕의 지위와 지명도를 더욱 높여주고 있다. 이곳에서 낙타를 탔다. 낙타를 처음 타본 필자는 서서히 가는데도 떨어질까 다소 불안했지만 얼마 안있어 자리가 잡히기 시작했다.

13일 카이로에서 약 6시간동안 버스를 타고 바하리아라는 곳에 도착했다. 사막투어를 하기 위해서였다. 사막운전에 노련한 가이드의 4륜구동지프에 올라탄 우리가족은 바하리아의 흑사막, 백사막, 크리스탈사막을 거쳐 광활한 사막에 버섯, 치킨, 너구리 등 각종 동물모양을 한 바위를 지나 땅거미가 질 무렵 낙타모양을 한 바위 옆에 텐트를 치고, 여장을 풀었다. 여우울음소리가 그치지 않는다. 연두빛 하늘에 수많은 별들이 쏟아져 내릴 것 같은 백사막에서의 하룻밤은 평생을 잊지 못할 기억으로 남을 것 같다.

사막에서 룩소로까지 가는데 무려 17시간이 걸렸다. 차가 고장 나 견인해서 고쳐야 했기 때문이다. 이집트인들은 내가 한국인라고 말하면 엄지손가락을 치켜세우며 굿이라고 한다. 상점에서는 삼성에서 만든 핸드폰, 도로에서는 현대, 기아에서 만든 자동차를 많이 볼 수 있다. 이집트인들은 착하고 친절한 것같다. 그러나 공동화장실이나 숙박시설의 화장실이 지저분하고 게다가 돈을 줘야 용변을 볼 수 있다. 곳곳에 쓰레기가 버려져 있어 파리 떼도 많고 불결하다. 음식을 먹어도 메스꺼워 토할 것 같은 느낌이다.

15일 아침 5시 배를 타고 나일강가에 있는 열기구를 타는 곳에 갔다. 행글라이더를 실제로 타보는 듯 한 기분을 만끽할 수 있다. 우리 일행 22명을 태운 이 열기구는 30분 동안 나일강을 중심으로 농장, 야자수나무 위를 비행했다. 귀국한 후에 열기구가 폭발, 탑승객 20명 사망이라는 뉴스를 접했다. 필자가 탔던 곳에서 일어난 참사다. 생각만 해도 아찔하다. 오후 5시 아스완으로 가기 위해 기차를 탔다.

아부심벨신전을 구경했다. 아부심벨신전은 기원 전 13세기 하나의 돌을 깎아내어 건설한 두 개의 장엄한 신전으로 매우 유명하다. 이 신전들은 위대한 파라오 람세스 2세와 그의 아내 네페르타리를 기념하기 위해 세워졌다.

16일부터 18일까지 2박3일의 쿠르즈여행에 나섰다. 3인실의 방을 배정받았다. 침실과 화장실 등 모두가 깨끗하다. 선실 창밖으로는 길게 뻗어있는 야자수 나무들과 마을들이 보인다. 배가 중간에 정박할 때는 카페트와 스카프를 파는 상인들이 작은 돛단배를 타고 떼지어 와서 물건을 사라고 요구한다. 하나의 치열한 생존경쟁의 현장을 보는 것 같다.

이집트의 고고학 룩소르 카르낙

룩소르 박물관, 룩소르 카르낙 아문 신전을 구경했다. 나일강을 마주한 박물관 주변에는 녹음이 우거져 있고 수많은 조각상과 부조들이 늘어서 있다. 신전은 약 1평방킬로미터의 면적에 10여개의 탑문이 20여채의 전당을 둘러싸고 있다.

19일 룩소르공항에서 다합으로 가는 비행기를 탔다. 홍해의 해변가에 있는 다합은 깨끗하고 조용하다.

아침에 일어나 왕복10킬로미터의 해변가를 달렸다. 산호, 열대어 등 바닷 속 경관을 구경하기 위해 스노쿨링 교육을 받았다. 평소 기초적인 수영실력을 갖추고 있기에 쉽게 적응할 수 있었다. 잠수복과 구명조끼로 갈아입고 심해 3백미터나 되는 바닷속의 경관을 구경했다. 산호초, 큰 물고기, 작은 물고기 등 형형색색의 바닷 속의 경관은 참으로 아름답다. 한마디로 환상적이다. 이번 여행은 하고 싶은 것을 해보는 체험여행이기도 했다. 하나님이 모세에게 십계명을 내려주었다는 시

나이산의 일출을 보기 위해 버스에 올랐다.

　2시간에 걸쳐 시나이산 입구인 성 캐서린 사원에 도착했다. 모세산이라고 불리는 시나이산은 풀 한포기 나무 한그루 없는 바위산으로 해발 2,285미터다. 일출을 보기 위한 야간산행에는 유럽, 중국, 한국 등 전 세계의 관광객이 찾아왔다. 특히 기독교인들이 많다. 압둘라라는 이름의 가이드를 따라 정상까지 가는 데는 약 4시간 정도 걸렸다. 해가 오르기 전에 하늘의 구름이 온통 붉은 색으로 물든다. 정확히 새벽 6시 20분. 정상 맞은 편에 보이는 곳에서 솟아나는 해오름의 광경은 그야말로 장관이었다. 성스러운 봉우리로 불리는 시나이산에서의 일출구경을 끝으로 다합으로 다시 돌아와 하루밤을 보냈다.

　귀국길에 딸이 근무하는 아랍에미레이트의 두바이에 들렀다. 두바이는 아랍에미레이트연방으로 독립한 7개국가중 하나다.

　세계에서 가장 높은 건물인 부르즈 칼리파 건물 지하에 있는 세계최대의 두바이쇼핑몰에서 20분마다 펼쳐지는 분수 쇼를 보면서 저녁식사를 했다. 현대판 바벨탑으로 불리는 부르즈 칼리파는 162층의 건물로 삼성물산이 인공위성 3대를 이용한 측량을 도입해 오차를 5밀리미터로 줄이는 등 신기술과 신공법으로 시공해 한국의 건축기술을 세계에 알리는 계기가 되기도 했다.

　두바이여행을 마치고 22일 에미레이트 항공에 올라 인천공항에 도착하니 시계는 23일 오후 4시를 가리켰다. 14일간의 이집트와 아랍에미레이트 여행은 많은 볼거리와 여러 가지 체험을 할 수 있는 여행이었다. 이와 함께 이집트여행은 많은 생각을 남겨주었다. 같은 아랍어를 사용하면서도 이집트는 두바이에 비해 매우 가난하다. 엄청난 규모의 피라미드, 신전, 유물 등 위대하고 찬란한 역사를 가지고 있으면서도 왜 후진국생활을 면하지 못할까.

한 나라가 발전하려면 위대한 정치지도자의 지혜스러운 영도력과 함께 국민들이 하나가 되어 끊임없이 개혁개방으로 나갈 때 만이 가능할 것이라고 필자는 나름대로 생각해본다.

이 같은 해답은 석유고갈을 염두에 두고 금융 및 관광산업으로 두바이를 천지개벽한 세이크 모하메드 두바이왕이나 얼마 전 까지만 해도 빈곤한 생활을 하던 중국을 개방정책으로 이끌어 세계 2대 강국으로 만드는 데 견인차 역할을 한 등소평, 그리고 우리나라를 가장 짧은 역사 속에 선진국으로 진입할 수 있게 한 박정희 전 대통령에게서 찾아 볼 수 있지 않을까 생각한다. 이번 여행의 안내를 위해 무척이나 고생을 한 딸 민정에게 고맙다는 표시를 하고 싶다.

캐나다를 다녀아서

필자는 지난 7월 19일 캐나다 토론토에 있는 조카 결혼식과 함께 로키산맥을 20여일간 여행하고 돌아왔다. 캐나다 교민들의 결혼식은 서양식으로 치러진다. 결혼식 내용과 함께 로키산맥여행을 함께 묶어 여행기로 게재한다.

지난 7월 19일 인천공항을 떠나 20일간의 일정으로 캐나다여행을 마치고 돌아왔다. 여행이라 하지만 처제의 아들 결혼식에 참석하는게 주목적이었다. 처제는 약 35년 전에 중학교 교사로 근무하던 중 대한항공 컴퓨터 프로그래머인 남편과 함께 캐나다 토론토에 이민을 갔다.

이번 여행은 나의 아내와 아들, 그리고 딸 등 모두 4명이 캐나다에서 합류한 가족여행이었다. 19일 오전 9시 30분 인천공항을 출발한 대한항공 여객기는 꼭 13시간 후에야 캐나다 토론토 공항에 도착했다.

공항에 도착하자 처제와 이번에 결혼할 조카가 반갑게 우리를 맞아준다. 나와 아내는 약 12년 전에 이 곳 토론토를 방문한 적이 있다. 도심을 달리는 자동차가 그 당시보다 약 2배 이상 늘어났다고 한다. 자동차가 늘어나다보니 정체시간이 길어진다. 전철은 시내중심으로 노선이 몇 개 되지 않는다. 땅이 넓다보니 정부에서 전철공사를 등한시했다는 것.

자동차가 2배 이상 늘어난 만큼 인구도 2배 이상 증가한다. 이민자가 해마다 늘어남으로써 이제 캐나다 인구도 약 3,500만명에 이른다고 한다. 이에 따라 이민절차도 까다로와졌다. 자동차는 도요타를 비롯, 혼다, 닛산, 닷치 등 일본차가 압도적이며, 현대, 기아 등 국산차도 쉽게 볼 수 있다.

오히려 벤츠, BMW 등 유럽차보다도 국산차가 많은 것 같아 한국인으로서 뿌듯한 자긍심을 느낀다. 날씨는 한국의 가을 날씨 같다. 한국이 요즘 폭염이 계속되고 있는 것과 비교하면 같은 여름인데도 너무나 대조적이다.

토론토에서 하루 밤을 지내고 다음날에는 동서와 토론토 소망교회에 함께 다니는 동서의 친구들과 같이 골프를 치러갔다. 이곳에서의 골프피는 저렴하다. 18홀 도는데 1인당 3만원 정도. 이곳 캐나다의 넓은 땅에는 골프장이 수도 없이 많고 저렴하다보니 교민들은 시간만 있으면 골프장에 나가 즐긴다고 한다.

　어떤 교민은 100만원의 회원권을 갖고 매일 18홀을 돈다고 한다. 골프피가 저렴하므로 캐디자체가 존재하지 않는다.

　다음날에는 1박2일 코스로 골프여행을 다녀왔다. 1박은 아름다운 호수를 끼고 있는 별장에서 보냈다. 캐나다에는 크고 작은 호수들이 수없이 많다고 한다. 우스갯소리로 캐나다 호수는 캐나다 인구처럼 많다고 한다. 큰 호수는 한반도 몇 배 크기라고 한다. 실제 온타리호 호수를 바라보면 망망대해 끝이 없어 보인다. 3,500만명의 비교적 적은 인구에 러시아 다음으로 큰 땅덩어리를 가진 나라이다. 한반도의 108배나 되는 면적이라고 한다.

　일행가운데 한 분은 30여년 전에 태권도사범자격으로 이민을 와서 교포사회에서 자리를 잡았다고 한다. 태권도 9단인 그는 캐나다교민 대표선수들을 이끌고 브라질을 비롯, 세계 각국대회에 출전했다고 한다.

　태권도로 다져진 그의 골프실력은 상위급이다. 그는 두 딸을 두었는데 큰 딸은 토론토 대학을 나와 고등학교 불어교사로 있으며, 큰 사위는 도요타자동차회사에서 일하고 있으며, 작은 딸은 나이키에서 근무하며, 작은 사위는 안과의사로 있다.

골프여행에서 돌아온 다음날에는 두바이 에미레이트 항공사에서 근무하는 딸이 결혼식에 참석하기 위해 직장동료와 함께 토론토에 왔다. 딸이 항공사에 근무하다보니 우리 부부는 항공료가 10%에서 15%정도로 해결된다.

그래서 이번 기회에 로키산맥 여행을 가기로 했다. 토론토에서 로키산맥이 있는 캘거리까지는 비행기로 약 4시간이 소요됐다. 딸이 인터넷을 검색해 첫날은 한국교포가 운영하는 민박집을 찾았다. 로키산맥 여행은 첫 1박은 민박집에서, 둘째 날과 셋째 날은 로키 산맥 근처 밴프타운에 있는 호텔에서 머물고, 마지막 4일째 돌아오는 길에는 첫째 날 머물던 민박집에서 숙박하기로 했다.

교통편은 국제운전면허증을 가지고 있는 딸이 렌터카를 빌려 운전하기로 했다. 일본의 닷치로 4륜구동차다. 하루 렌탈료는 캐나다 달러 150달러로 약 15만원 정도. 첫날은 캘거리 민박집에서 머물렀다. 대구에서 기술이민으로 이곳에 왔다는 주인아주머니는 무엇보다 이곳의 자랑은 물과 공기라고 한다. 수돗물을 그냥 먹어도 되니 안심하고 마시라고 권한다.

이곳에서는 다람쥐 뿐만 아니라 야생토끼들을 학교나 공원근처 곳곳에서 볼 수 있다. 잡아가면 벌금을 내야 한다고 한다. 얼마 전 로키산맥 일부에서 대형 산불이 발생해 입산을 금지했으나 우리가 이곳을 방문하기 며칠 전 해제했다고 한다.

또 캐나다 독립 150주년이라 공원입장료도 받지 않는다. 한마디로 운이 좋았던 것. 아직도 캘거리 일대에는 산불로 인한 매캐한 냄새가 코를 찌른다.

둘째 날 찾은 곳은 레이크 루이스. 유네스코가 정한 세계 10

레이크 루이스

대절경중 하나다. 계절과 날씨에 따라 다양하게 빛나는 호수 빛깔과 호수 뒤로 보이는 우람한 빅토리아 산이 연출하는 원시적인 느낌이 압권이다. 레이크 루이스는 빙하의 침식으로 산이 깎여나간 사이로 형성된 호수다.

레이크 루이스 관광을 마치고, 예약해 놓은 밴프타운의 호텔로 차를 돌렸다. 밴프는 로키산맥의 우람한 정경을 병풍처럼 두르고 있는 도시다. 빼어난 자연을 찾아온 전 세계의 여행자들로 북적이는 관광도시다. 우리일행 4명이 머문 호텔은 조그맣지만 깔끔한 호텔로서 하루 숙박료는 시사 없이 25만원. 호텔의 아름다움을 찍어 인쇄한 우편엽서를 고객들에게 나누어준다.

셋째 날 찾은 곳은 아이스 필드. 사계절 내내 겨울인 얼음평원 컬럼비아 대빙원은 해발 3,750미터의 컬럼비아 산에서 흘러내린 빙하로 뒤덮인 신비한 곳이다. 이 엄청난 크기의 빙원이 녹아내린 물이 동쪽으로는 대서양, 서쪽으로는 태평양, 북쪽으로는 북극해로 흘러들어가는 강을 만든다. 이 거대한 얼음의 두께는 엠파이어스테이트 빌딩의 높이와 같은 365미터이다. 현재 빙하는 점차 줄어들고 있다. 이곳에 도로가 개통될 당시에는 도로 바로 앞까지 빙하가 형성되었으나 지금은 멀찌감치 떨어져 있다. 향후 500년 후에는 완전히 빙하가 없어질 거라는 예측도 나오고 있다.

넷째 날 요호국립공원을 찾았다. 요호는 원주민의 말로 경이로운이라는 뜻이다. 관광도시 밴프와 레이크 루이스 사이에 자리해 있으며, 환상적인 빛깔을 자랑하는 에메랄드 호수와 멋있고 신비한 타카카우 폭포가 험한 산 속에 숨어서 여행자들을 맞고 있다.

원주민의 말로 멋있다는 뜻의 타카카우폭포는 높이가 380미터에 달하며, 워낙 높은 곳에서 한줄기로 힘차게 쏟아져 내리다 보니 그 소리가 엄청나다. 근처까지 걸어가 보았다. 웅장한 폭포소리와 함께 냇가에 떨어져 튀어나오는 물방울로 가랑비를 맞는 기분이다. 폭포는 분명히 바위 틈에서 내리는 데 발원지가 어디인지 알 수 없다.

근처에서 곤돌라를 탔다. 한 대에 4명씩 탄다. 곤돌라를 타고 전망대에 오르면 광대한 원시림과 함께 주변 경치를 관망할 수 있다.

돌아오는 길에는 전날 야생 산양을 만난 데 이어 운이 좋아야만 볼 수 있다는 곰을 3마리나 발견했다. 어미곰이 도로변에 있는 빨간 열매를 따먹기 위해 내려온 것이다. 관광객들은 누구나 차를 멈추고 카메라를 들이댄다. 위험하다 보니 가까이 가지는 못하고 곰이 달려오면 피할 수 있는 거리에서 사진촬영을 한다. 다시 차를 몰고 한참 가다 보니 이번에는 어미곰과 새끼 곰이 도로 옆 숲속에 나타난 것이다. 관리인이 구급차를 몰고 나타났다. 새끼 곰이 예민하여 위험하니 빨리 돌아가달라는 것이다. 그러나 관광객들은 야생 곰이 신기해서인지 좀처럼 떠나려고 하지 않는다. 돌아오는 길에는 열차를 볼 수 있었는데 화물을 실은 열차가 하도 길기에 과연 몇 칸이나 되나 세어보았더니 128량으로 기억된다. 한국에서는 볼 수 없는 진풍경이라 할 수 있다.

로키산맥여행을 마치고 캘거리 민박집에 도착하니 밤 9시였다. 다음날 아침 렌터카를 반환해주고 토론토 행 에어캐나다에 올랐다. 8월 5일 열리는 결혼식에 참석하기 위해서다.

처제 아들인 신랑은 토론토대학을 나와 컴퓨터 디자이너로 일하고 있다. 동서는 항공대학을 나와 대한항공에서 컴퓨터 프로그래머로 일하다 35년 전 당시 급료의 2배를 받고 캐나다에 이민을 왔다. 당시는 컴퓨터 프로그래머 기술이 한국이 캐나다보다 약간 앞서 있었다고 한다. 기술의 차이는 있겠지만 아들이 아버지와 같은 길을 걷고 있는 것이다.

결혼식은 처제가 다니는 토론토 소망교회에서 거행됐다. 낮 12시에 열린 결혼식에는 약 400여명의 하객이 몰려왔다. 신랑의 이모부인 나는 한국에서 온 하객이다 보니 꽃을 꽂아주는 등 귀빈 대접을 해준다. 신부는 바이오테크놀러지를 전공한 중국계 출신의 고등학교 교사. 중국인 여성과 결혼을 하는 관계로 폐백식에도 한국식과 중국식 서양식이 한데 어우러졌다. 결혼식이 끝난 다음 인근식당에서 식사를 하고 일단 헤어졌다.

오후 5시에 대부분의 하객들이 다시 연회장에 모여 밤 12시까지 열리는 파티에 들어갔다. 파티에 참석한 인원은 결혼식보다 50여명이 적은 350여명. 1인당 약 20만원의 경비가 들어갔다고 한다. 사회자가 한국에서 온 우리가족 일행을 특별히 소개해주기도 했다. 신랑은 전혀 위축되지 않고 여유 있게 유머도 섞어가면서 결혼소감을 말한다. 신랑의 여유 있는 유머에 장내의 하객들은 파안대소한다. 이렇게 여유 있게 스피치할 수 있는 데는 캐나다의 학교에서 배운 교육덕택이라고 한다. 학교교육의 덕택은 또 있다.

이번 결혼식에 경비가 얼마나 들었느냐고 처제한테 물었다. 한 푼도 안 들었다고 한다. 신랑신부가 같이 합산해서 지불했다는 것이다. 집 장만도 신랑이 직장에서 번 돈으로 해결했다는 것이다. 부모가 도와주겠다고 하면 왜 우리들이 해결해야 할 일을 부모가 도와주냐며 오히려 반발한다는 것이다.

대중 앞에서 당당히 연설할 수 있는 교육, 부모에게 의지하지 않고 살아가는 자립정신교육은 본받을 만한 학교교육이다.

귀국 전날 오후에는 나와 집사람, 아들, 딸, 딸 친구, 처제, 동서, 처제 장남, 신랑, 신부 등 모두 10명이 나이아가라 폭포 야경을 감상했다. 2대의 차량으로 나누어 갔다. 나와 집사람, 처제는 동서가 운전하는 차량에, 신랑, 신부 등 나머지 6명이 탄 차량은 아들이 차를 몰았다.

나이아가라는 12년 전에도 두 번이나 봤지만 볼 때마다 그 웅장함이 새롭고 감탄스럽다. 토론토에 돌아오니 밤 2시30분이었다. 운전대를 잡은 동서는 몹시 지쳐있다. 내색하지 않는 동서에게 미안할 따름이다. 나는 이날 오전 대한항공편으로 귀국길에 올랐다. 비행기 안에서의 13시간의 무료함을 달래기 위해 항공사에서 나눠주는 조선일보 등 신문을 읽고, 무려 4편의 영화를 감상했다.

나는 이번 여행에 노트북을 가져 가 틈만 있으면 인터넷을 통해 국내소식을 접하고, 나의 본업인 메디팜헬스뉴스에 기사를 올렸다. 메디팜헬스뉴스에 매달려 기사작성에 노심초사하는 편집국장의 일을 조금이라도 덜어주기 위해서였다.

20일간의 캐나다여행은 결혼식행사 참석, 골프, 로키여행, 메디팜헬스뉴스에 기사 올리기 등으로 1석4조의 성과를 거두고 돌아온 보람있는 알찬 여행이었다.

예학을 실천한 논산 돈암서원을 찾아서

한강포럼은 지난 5월 30일 충남 논산에 위치한 돈암서원을 비롯, 은진미륵으로 유명한 관촉사, 조선시대 학자인 윤증의 명재고택 등을 둘러보고 돌아왔다.

돈암서원은 지난 2019년 유네스코 세계유산으로 등재된 국내 9개 서원중 하나다. 이번 역사문화탐방은 지난 4월 한강포럼 강연에서 '역사에서 길을 찾다'라는 주제로 강연을 해주신 역사학자 이배용 전 이화여대총장의 해설로 진행됐다.

이번 역사문화 탐방에는 40명 가까운 회원이 참석했다. 고광국 회원, 공창호 공아트스페이스 회장 부부, 곽영훈 전 홍익대교수 부부, 김경원 전 대우건설 부사장, 김길자 전 경인여대 총장, 김문웅 전 대우그룹 전무, 김용원 회장, 김은자 회원, 김자경 전 주간여성 칼럼니스트, 김준봉 전 육군 소장, 김환수 전 유엔 한국협회 이사 부부, 박연남 한영나염 부사장, 신갑순 삶과 꿈 챔버오페라 대표, 신현웅 웅진재단 이사장, 원흥순 좋은 아침 회장, 윤덕순 전 한국은행 연수원장, 이은주 사진작가, 이인호 전 러시아대사, 이화정 회원, 인권식 전 동국대 교수 부부, 전중신 전 레스코 대표, 정정자 전 기독신학대 교수, 진의장 전 통영시장, 최은경 회원, 한태준 회원 부부, 황인천 전 경복대 교수, 한수진 바이올리니스트 등 많은 회원들이 참석, 성황을 이루었다.

압구정동 현대백화점 옆 주차장에서 우리일행을 태운 검은색무늬의 광(光)버스는 오전 8시 30분 출발, 정안 휴게소에 들러 11시경에 논산에 위치한 돈암서원에 도착했다. 서울에서 논산까지 약 2시간 반이 걸린 것이다.

논산까지 가는 버스안에서 한강포럼의 역사문화탐방을 기획하고 이 분야에 해박한 지식을 갖고 있는 전중신 회원의 짤막한 강연이 있었다. 전중신 회원에 의하면 한강포럼의 돈암서원 방문은 이번이 2번째 방문이라는 것이다. 전중신 회원은 우리나라에는 전국에 약 670여개의 서원이 있으나 문을 닫아놓고 관리를 하지 않아 서원을 제대로 정리하기가 어려웠다고 그간의 고충을 털어놨다.

전중신회원은 우리나라 서원의 역사와 특성을 달달 외울 정도로 강연을 통해 그의 진면목을 보여줌으로써 회원들로부터 열렬한 박수를 받았다.

이런 가운데 2019년 7월 670여 서원 가운데 돈암서원 등 9개 서원이 유네스코 세계유산으로 지정되었다는 것.

한국의 서원은 16세기 중반부터 17세기까지 조선 시대 지방지식인들에 의해 건립된 대표적 사립 성리학 교육기관이다. 세계문화유산으로 지정된 9대 서원은 한국의 서원이 하나의 유형으로 정립되는 과정은 물론 성리학이 동아시아 전역에 확산되어 지역적 특색을 가진 사례로 큰 가치를 갖게 되었다.

성리학자들은 강학과 성리학적 가치관을 바탕으로 세계를 이해하였고, 정기적으로 서원과 관련한 선현을 추모하는 의식인 제향을 봉행함으로써 학파의 결집을 도모했다. 또 자연속에서 수양하고 휴식하는 유식을 통해 성리학에 부합한 향촌 교화활동을 주도했다.

서원은 성리학자의 전인적 교육에 적합한 자연환경을 선택, 제향인물의 연고가 있는 지역에 들어섰다.

서원내부는 3개의 영역으로 나뉜다. 제향을 올리기 위해 지은 건축물이 위치한 제향영역, 유생들의 공부와 숙식을 위해 지은 건축물이 들어선 강학영역, 서원 관계자들 모임과 유생들 휴식을 위한 교류 및 유식영역이다.

성리학자들은 지형과 자연경관을 적극적으로 이용하여 하나의 서원

건축 전형을 완성했던 것이다.

유네스코 세계유산으로 등재된 9개의 서원 가운데 한강포럼이 이미 다녀온 서원은 이번에 두 번째로 답사한 돈암서원을 비롯해서 필암서원, 남계서원, 소수서원, 도산서원 등 5개의 서원이 있으며, 방문하지 못한 서원은 무성서원 도동서원, 병산서원, 옥산서원으로 4개의 서원이 있다.

전중신 회원은 앞으로 문화역사탐방 계획에 대해 "도동서원, 병산서원, 옥산서원이 모두 경상도 일원에 소재해 있고, 무성서원만 전라도에 있다"면서, "미답사지역탐방을 당일코스로는 힘들겠지만 1박2일 코스의 여행 계획을 잡으면 무난히 답사하고 돌아올 수 있다"고 말했다.

유네스코 지정 9개 서원의 특성을 살펴본다.

소수서원 : 경북 영주시에 있다. 우리나라 최초의 백운동 서원으로 주세붕이 건립, 소수서원으로 바뀌었다. 우리나라 서원의 강학, 제향과 관련한 규정을 제시하여 이후 건립되는 서원에 영향을 주었다.

남계서원 : 경남 함양군에 있다. 우리나라에서 두 번째 건립된 서원으로 지역인들에 의해 건립된 최초의 사례다. 주요영역을 구분하여 하나의 축선상에 배치한 형식은 이후 건립하는 서원의 모범이 되었다.

옥산서원 : 경북 경주시에 있다. 출판과 장서의 중심기수로서 서원의 역할을 정립하였다. 옥산서원 이후 서원에 누마루를 건축하는 것이 일반화되었다.

도산서원 : 경북 안동에 있다. 이황의 도산서당을 기반으로 건립되었다. 서원이 학문과 학파의 중심기구로 발전하는 과정을 입증한다. 자연경관이 뛰어나 일대 경관을 묘사한 다양한 작품이 남아있다.

필암서원 : 전남 장성에 있다. 이전의 서원들이 경사진 지형을 이용하던 방식과 달리 이곳은 평탄한 지형에 적합한 건축물 배치형식을 적용했다. 기록물을 통해 경제적 운영방식을 알 수 있다.

도동서원 : 경북 달성에 있다. 서원교육방식의 구체적인 양상을 입증해주고 있다. 경사지를 황용한 서원의 건축배치를 탁월하게 구현했다.

병산서원 : 경북 안동에 있다. 서원을 교육기관으로서의 기능만이 아니라 만인소 등 사림의 공론장으로 확대해 사림활동 기능의 중심지 역할을 입증해주고 있다.

무성서원 : 전북 정읍에 있다. 지역단위의 지식인 집단을 중심으로 사회전반에 성리학 이념이 확대된 서원의 양상을 보여주고 있다.

돈암서원 : 충남 논산에 있다. 성리학의 실천이론인 예학을 논하던 서원이다. 서원에 있는 응도당은 동아시아 건축이론을 예학이념과 결합하여 완성한 국내 유일의 건물이다.

우리 일행이 돈암 서원에 도착하자 이 곳 논산의 건양대학교와 대전 건양대학교 병원 설립자인 김희수씨가 나와 한강포럼회원들을 반갑게 맞아주었다. 돈암서원은 이조시대 중기의 학자인 광산김씨 김장생(사계)과 그의 아들 김집(신독재)을 모신 곳이다. 광산김씨 시조 김흥광의 37대 손인 김희수씨는 현재 신독재 김집 기념사업회 회장을 맡고 있다. 그는 한성실업의 설립자인 고 김용순회장에 이어 광산김씨 종친회장을 3번이나 연임하기도 했다. 그는 충남 논산군 양촌면 출신으로 태어난 양촌에는 양촌중·고등학교를 세웠으며, 논산에는 건양대학을, 대전에는 1,300병상의 대형 종합병원을 설립했다. 그는 영등포에 김안과병원으로 시작, 크게 돈을 벌어 교육사업과 병원사업 성공의 꿈을 이루었다.

김희수씨가 가장 교육에 역점을 두는 것은 인성교육이다. 그는 연세대 의대를 나와 연세대 교수들과 자주 교류관계를 가져왔다. 어느날 연세대학교의 모 학장이 건양대를 방문했다. 학생들이 이 학장을 보고 인사를 하자 학장은 총장께서 일부러 인사를 하라고 시킨 것으로 오해했다. 그러나 학생들은 외지의 어느 누가 학교를 방문하든 인사하는 습관이 몸에 배도록 교육이 돼 있었던 것을 알고 그는 김희수씨의 인성교육에 대해 크게 감탄했다고 한다.

이배용 전 총장이 김희수씨를 소개했다. 김희수씨는 이배용총장과는 대학총장 시절 가깝게 지냈으며, 지금도 친숙하게 지내고 있다고 했다. 김희수씨는 자신은 1928년생으로 올해 95세이지만 학교 병원일과 함께 1주일에 한번은 골프를 치면서 건강한 생활을 하고 있다고 말해 회원들로부터 열렬한 박수를 받았다.

돈암서원답사를 마친 우리는 한정식 전문 식당인 '들풀담소'로 이동, 맥주를 마시며 담소를 나누었다. 회원들은 이구동성으로 음식이 깨끗하고 맛있었다고 한다. 실은 김용원 회장께서 답사 10여일 전부터 회원들이 먹을 만한 식당을 찾아보라는 주문이 있었다. 나는 논산에서 자란 본토배기인 외사촌 동생으로부터 '들풀담소'가 논산에 있는 식당 가운데 가장 좋다는 전화를 받고 강은영 과장에 전하여 예약했다.

이어서 음식점 근처에 있는 관촉사를 방문했다. 관촉사에는 국보 제323호인 석조미륵보살입상이 있다. 흔히 은진미륵으로 일컬어지는 이 불상은 논산시 관촉동 반야산 중턱인 경내에 모셔져 있다. 사적비외 기록에 의하면 이 불상은 국가에서 주관하여 만든 불상이다. 불상의 크기가 무려 54척5촌이나 되는 거구를 좁은 경내에 세웠는데 어색하지 않고 자연스럽다. 불상의 모습이 팔등신을 갖춘 예술적 조각작품이 아닌, 얼굴을 크게 강조한 불공을 드리는 예배물로 만들어졌다. 이는 고려시대에 이르러 불교가 대중신앙으로 발전하였음을 보여준다.

관촉사 경내에는 은진미륵 외에도 보물 제232호인 석등(石燈), 충청남도 유형문화재 제 53호인 배례석(拜禮石), 충청남도 유형문화재 제 88호인 은진미륵 어머니상을 볼 수 있다.

이어 우리가 찾은 곳은 명재고택이다. 명재고택은 국가민속문화재 제 190호다. 명재고택은 조선시대의 학자인 명재 윤증 선생 생전(1709년)에 지어진 곳이다. 이 고택은 조선중기 호서지방의 대표적인 양반가옥으로 전형적인 상류층의 살림집이다. 사랑채 앞 축대와 우물, 연못과 나무에서는 조선시대 정원 조경술의 아름다움을 느낄 수 있다. 또 계절의 변화에 따른 일조량 및 바람의 속도를 조절하기 위해 저장공간인 광채와 비켜서 배치한 안채(서쪽)의 구조에서는 우리 선조들의 지혜를 엿볼 수 있다. 후원의 장독대와 소나무숲은 실용성과 경관을 효과적으로 활용하여 조화된 모습을 보여주고 있다.

고택의 안채는 ㄷ자형, 사랑채까지 포함된 구조는 ㅁ자형의 목조 와즙단층 건물이다. 안채는 안주인이 생활하는 사적 공간이기 때문에 외부로부터 보호받고 살림하기 편리하도록 ㅡ자형 대문에서 안채가 한 눈에 들어오지 않게 내외벽을 두었다. 반대로 사랑채는 바깥주인이 전면의 농토와 정원을 바라볼 수 있는 위치에 자리한 공적이고 개방된 공간이다. 또한 사랑채의 큰 방과 작은 방으로 연결되는 미닫이와 여닫이를 겸한 방문은 다른 한옥에서 찾아볼 수 없는 독창성이 뛰어난 작품이라고 할 수 있다.

필자도 미닫이와 여닫이가 하나로 된 문이 신기해서 미닫이로 열어보기도 하고, 여닫이로 열어보기도 했다.

우리가 마지막으로 방문한 곳은 종학당이다. 종학당은 충청남도 무형문화재 제 152호다. 종학당은 파평윤씨 윤순거(1596-1668)가 문중의 자녀교육을 위해 1628년 현재의 위치에 백록당과 정수루, 정수암 등 세 채의 건물을 지어 건립했다.

이의 운영을 위한 종약도 제정하고, 일반서원이나 서당과는 다르게 교육목표와 교육과정을 두고 학칙도 정하여 시행했다. 이를 토대로 파평윤씨 문중과 처가의 자제들이 이 곳에서 합숙교육을 받게 되었다.

16세기 중반에 현재의 노성인 니산에 터를 잡은 노종파(노성의 파평윤씨) 일가가 짧은 시일 내에 조선의 명문가로 두각을 나타낸 것은 바로 종학당의 특별한 문중교육에 힘입은 바가 크다고 할 수 있기 때문이다. 이곳에서 파평윤씨 자제들을 공부시켜 대과에 합격한 인물이 무려 42명, 무과합격자는 31명이나 된다고 한다.

이곳 종학당에는 한가지 빼놓을 수 없는 기록물이 있다. 동서 데탕트를 추진하여 독일통일을 가져오게 한 미하일 고르바초프 구 소련 대통령이 2008년 10월 2일 이곳 종학당을 방문하여 방명록에 사인한 것을 금식문으로 새겨놓았다. 고르바초프가 러시아어로 기록한 것을 그대로 새겨 넣었다. 이인호 회원(전 러시아대사)이 비문에 새긴 고르바초프의 글씨를 유심히 보고 계시기에 필자도 핸드폰 카메라로 담아왔다. 고르바초프는 한국 방문 당시 충남 금산군 진산면 대둔산에 있는 휴양지도 방문하여 기록물을 남겼다.

사람들이 잊어버리고 지나치기 쉬운 것이지만 여행기에 게재할만한 가치 있는 기록물이라고 생각된다. 평범한 것으로 생각돼 지나치기 쉬운 일이지만 특별한 사건으로 기록될만하다.

우리 일행은 종학당 방문을 마치고 오후 4시경 귀경버스에 올랐다. 이번 역사문화탐방을 위해 치밀하게 기획을 하시고, 회원들을 초청하신 신갑순 회원께 감사를 드린다. 아울러 알기 쉽고 생생하게 해설을 해주신 역사학자 이배용 전 이화여대 총장과 바쁘신 중에도 기꺼이 참석해주신 김희수 건양대학 및 건양대학교 병원 설립자께도 깊은 감사의 말씀을 전하고 싶다.

소리, 문화의 고장 보성과 고창을 가다

한강포럼은 지난 5월 강원도 양구역사문화탐방에 이어 올해 2차역사문화탐방지로 전남 보성과 전북 고창으로 정하고 18일부터 19일까지 1박2일의 여행을 마치고 돌아왔다. 이에 따라 매월 셋째 금요일에 열리는 한강포럼 강연회는 문화역사탐방으로 대체됐다.

이번여행에 참가한 회원은 22명. 김용원 회장을 비롯, 신갑순, 성철제, 김정미, 김환수, 이성순, 김길자, 백창기, 박동순, 이은주, 인권식, 김숙희, 김원중, 김광현, 김미자, 황인천, 허만행, 김자경, 전계우, 박남식, 박재곤, 김용발 등 모두 22명의 회원이다.

신갑순 회원은 이번 여행을 차질 없이 진행하기 위해 한 달 전부터 숙소예약을 해놓는 등 일정표를 치밀하게 짰다고 한다.

이번 여행에는 여행 작가인 박재곤씨가 참가, 본인이 조선일보 '산'

이라는 잡지에 연재한 글을 모은 책 '산따라 맛따라'를 한강포럼 회원들에게 한권씩 나누어주었다. 각 지방의 유명한 맛집을 찾아 소개한 이 책은 올컬러로 428페이지의 두꺼운 분량의 책이다.

9시에 압구정동 현대백화점을 출발한 버스는 12시 55분이 돼서야 순천에 도착했다. '자연과 인간이 공존하는 세계유일한 곳'이라는 순천만습지를 찾았다. 주위에는 관광객을 위한 펜션이 줄지어있는 모습을 볼 수 있다. 청암대학교 건강복지관이라는 건물이 보이는가 하면 순천만 유스호텔 신축공사장이라는 간판도 눈에 띈다.

우리 일행은 오후 1시 경에 순천만 꼬막정식집이라는 곳에서 짱뚱어탕이라는 이 지방의 독특한 음식으로 점심을 때웠다. 맛은 추어탕과 비슷하다. 짱뚱어는 이곳 순천만 갯벌에서도 흔히 볼 수 있는 물고기다.

2시 40분경에 순천만 습지에 도착했다. 순천만 습지는 세계 5대연안 습지라고 한다. 무엇보다 정원이 깔끔하게 관리되어 있다. 바닷바람으로 일어나는 황금빛 물결도 볼 수 있다. 순천만 습지는 한국관광공사가 선정한 최우수 자연경관에 어울릴 만큼 광활한 면적으로 사방이 확 트여있어 관광객들을 불러 모으기에 손색이 없다. 이 곳의 광활한 경관은 도심의 공해에 찌들려 몸살을 앓고 있는 사람들에게 꽉 막힌 가슴이 확 풀리기에 안성마춤이라 생각된다.

순천만습지 내에는 벤치, 원두막과 같이 쉬어가는 곳을 산책로 주변에 마련해 놓아 필자도 이곳에서 쉬어가는 여유를 가졌다. 갈대습지

순천만습지

바닥에는 구멍이 군데 군데 뚫려있는 모습을 볼 수 있다. 이 구멍을 유심히 들여다보면 많은 게들이 움직이고 있는 것을 볼 수 있다. 망둥어라는 물고기도 보인다. 순천만습지에는 갈대풀과 억새풀이 잘 정돈되어 있는 모습을 볼 수 있다. 일종의 갈대풀군락과 억새풀군락을 이룬다.

이어 우리가 찾은 곳은 낙안읍성이다. 낙안읍성은 우리나라에서 가장 잘 보존한 읍성으로 현재 108호에 300여명이 거주하고 있다. 용인민속촌과 매우 흡사하다. 낙안(樂安)은 낙토민안(樂土民安)의 줄임말로 '땅이 기름지고 곡식이 많아 백성들이 편안하다'는 뜻이다. 예로부터 백성들이 여유 있고 안정적인 생활을 할 수 있었던 곳이었음을 알 수 있다.

낙안읍성은 성곽, 중요민속자료뿐만 아니라 송만갑 국창, 오태석 명인 등 호남 판소리 대가들의 탄생지이자 동편제 판소리의 부흥지로 전국의 수많은 명인 명창들을 배출한 곳이기도 하다.

6시께는 숙소인 벌교소형관광호텔에 가서 짐을 풀었다. 4층으로 된 모텔 규모의 작은 호텔이지만 아담하고 깔끔하다. 근처에 있는 꼬막집에서 보성막걸리를 곁들인 꼬막요리로 저녁을 때웠다. 꼬막무침 생채로 밥을 비벼먹는 맛도 별미다. 꼬막은 벌교가 전국의 55%를 생산한다고 한다. 그러다보니 벌교읍 어디를 가나 꼬막식당 간판이 줄지어 있다.

19일 아침식사는 호텔 구내식당에서 했다. 식사자리에는 가곡 작사가이자 성악가인 핀봄 김성춘씨가 참석, 가곡 '고향'과 '부용산' 등을 불러주어 한강포럼회원들로부터 뜨거운 환호와 박수를 받았다.

잘 아다시피 가곡 '고향'은 정지용의 시로 이곳 보성이 낳은 유명한 음악인 채동선이 작곡한 가곡이며, '부용산'은 우리가 숙박한 호텔 맞은 편에 있는 산으로 박기동의 시로 안성현이 작곡한 가곡이다. 김성춘씨는 남성이름이지만 미모의 여성이다.

오전 10시경 보성여관을 찾았다. 보성여관은 1935년 건립된 역사깊은 여관으로 등록문화재 132호로 지정되어 있다. 1930년대 연회장으로 사용되었던 2층의 다다미방은 근대식 일본풍의 여관의 모습이 잘 보존되어 있다.

이어 11시 30분 경에는 서재필 기념관과 생가로 향했다. 가는 도중에 이집트대사와 이스라엘대사를 역임한 박동순회원은 우리나라가 처한 오늘의 암담한 정치현실과 함께 이스라엘은 자국을 위해 어떠한 국방태세를 갖추고 있는지 알려주었다. 이스라엘은 자기나라에 위해를 끼치려는 국가나 단체의 조짐이 보이면 가차 없이 선제공격을 가해 문제를 근본적으로 차단시킨다는 것이다. 외국과 동맹을 맺으면 동맹에 예속되어 선제공격을 못하므로 동맹도 맺지 않는다는 설명이었다.

인권식 회원은 한강포럼에서 주관하는 해외여행에서 러시아를 가지 못한 것이 후회스럽지만 국내여행이나 해외여행 등 한강포럼에서 주관하는 모든 행사는 배울 점이 많다고 했다.

김환수회원은 직장을 은퇴하고 한강포럼이 삶의 축이 되어 살아가고 있다고 했다. 한강포럼 회원들과 우정을 넓히고 감사하며 살아가고 있다는 것이다. 김회원은 얼마 전 1000만원의 거금을 한강포럼 발전기금으로 내놓아 회원들이 깊은 감동을 받기도 했다.

장기신용은행장을 역임한 김광현 회원은 미스코리아 출신에 미스유니버스 5위를 수상한 아내 오현주씨를 저 세상에 보낸지 9년이 흘렀다고 한다. 지금 후회되는 것은 살아있는 동안 부인에게 사랑한다고 말 못한 것이라며, 남을 배려하고 감사한 마음으로 살아가고 있다고 한다. 그는 세상에는 '차라리'라는 부정적인 말과 '그래도'라는 긍정적이 말이 있다면서 예컨대 차라리 가지 않았다면 보다는 그래도 간 것이 잘됐다는 식으로 세상을 살아가는 것이 좋지 않느냐고 강조했다.

서재필독립문은 프랑스 파리에 있는 개선문을 본뜬 것으로 서대문독립문과 규모가 같다. 서재필은 이승만박사보다 9살이 많으며, 스승이면서 동지로 활동했다고 한다. 서재필은 우리나라의 개화와 독립, 그리고 민주주의를 위해 우리민족의 선각자로 살았다. 김옥균과 함께 갑신정변을 일으켜 외세에 맞서 자주자강의 근대적인 국가건설을 시도했다. 갑신정변은 비록 3일천하로 그치고 말았지만 일본의 명치유신과 같은 혁명을 목표로 했던 것이다. 그는 우리나라 최초의 한글신문이자 민간신문인 독립신문을 창간했다. 신문의 날을 4월 7일로 정한 것은 1897년 4월 7일 독립신문이 창간된데서 유래된다. 경인여자대학교 전 총장인 김길자 회원은 우리가 70여년동안 전쟁없이 풍요로운 태평성대를 누려온 것은 기독교 정신을 가진 서재필 박사와 이승만 박사가 있었기 때문이라고 서박사를 그리워했다.

이어 오후 4시경 '국화 옆에서'라는 시로 유명한 미당(未堂) 서정주(徐廷柱)시인의 미당 시문화관을 찾았다. 서정주 시인은 고창에서 자신을 키운 것은 80%가 바람이라고 노래했다고 한다. 서정주 시인의 고향인 부안면 서운리에 세워진 이 기념관은 미당 선생의 유품 5천여점을 전시하고 있다. 이 곳에는 미당의 생가, 묘소 등이 주위에 있다.

이밖에 우리가 찾은 곳은 채동선 음악당과 뿌리깊은 나무 박물관, 선운사, 좌파성향으로 알려진 작가 조정래의 태백산맥문학관 등이다.

채동선음악당은 지방에 소재한 기념관으로서는 규모가 매우 크다. 벌교에 자리한 이 음악당은 '향수', '고향', '망향', '그리워' 등의 가곡을 작곡한 채동선의 작품을 볼 수 있다. 그는 보성출신 만석꾼의 부잣집 아들로 태어나 일본 와세다 대학과 독일 유학생활을 했다고 한다.

요즘에는 지방자치단체가 중심이 되어 각 지방이 경쟁적으로 관광객을 유치하느라 기념관을 가꾸고 있기 때문에 해외못지 않게 지방에도 훌륭한 볼거리가 많다고 한다.

뿌리깊은 나무 박물관은 뿌리깊은 나무 잡지를 만든 한창기 선생이 평생동안 모은 유물을 진열해놓았다. 1922년에 지어진 한옥으로 이

건물에는 사랑채, 부엌, 별채, 사당, 솟을 대문 등이 있다.

선운사는 조계종 24교구의 본사로 검단선사가 창건했다고 전해진다. 참당사는 진흥왕의 왕사인 의운국사가 창건했다고 한다. 선운사는 호남의 내금강으로 불리는 명승지 선운산 내에 자리하고 있다.

벌교읍에는 소설가 조정래의 태백산맥문학관을 볼 수 있다. 문학관 규모도 크거니와 백두대간의 염원을 담은 벽화를 볼 수 있다.

이어 우리가 방문한 곳은 고창 판소리박물관이다. 이 박물관은 판소리의 이론가이자 개척자인 동리(桐里) 신재효(申在孝)선생을 기리기 위한 곳이다. 신재효 선생은 한마디로 우리나라 판소리의 효시라고 할 수 있다. 이곳에는 우리에게도 친숙한 오정숙, 김소희, 박동진, 안숙선 등 명창들의 사진과 함께 그들의 연보를 전시해놓았다. 우리 일행은 고창 판소리 박물관 방문을 끝으로 1박2일의 여행을 모두 마치고 서울로 돌아왔다.

이번 여행은 알차고 유익한 여행이었지만 1박2일의 짧은 시간에 많은 기념관, 많은 볼거리를 둘러보다 보니 조금은 벅찬 강행군의 여행을 하지 않을 수 없었다. 따라서 필자도 주마간산식으로 보고 느낀 것을 적을 수 밖에 없었다.

공장이 없는 무공해 청정지역 양구를 다녀와서

한강포럼은 2019년 역사문화탐방여행지를 한반도의 정중앙에 위치한 양구군으로 정했다. 이를 위해 필자는 지난 5월 9일 김용원 회장을 모시고 한강포럼 사회를 맡고 있는 인권식 회원과 함께 현지답사를 다녀온 바 있다.

5월 17일 셋째 금요일을 맞아 이날 한강포럼회원들은 아침 일찍 명동 로얄호텔에서 열리는 포럼대신 양구 인문학박물관에 있는 '김형석. 안병욱 철학의 집'을 찾아 올해 100세가 되는 김형석 교수의 강연을 들을 겸 박수근 미술관, 양구백자박물관 등을 둘러보기로 했다.

17일 아침 8시 집결지인 명동 로얄호텔에 도착했다. 이미 호텔로비에는 포럼 때마다 빠지지 않고 출석하는 김포지역의 조한승 회원(김포사랑운동 본부장), 김경태 회원(전 경주문화회관 사장), 신경란 회원(전 김포시 보건행정과장) 등 많은 회원들이 모여 삼삼오오 이야기를 나누고 있었다.

8시 45분 이윽고 우리 일행을 태운 관광버스가 출발했다. 9시 20분경에는 압구정동 현대백화점에서 일부회원들을 태웠다. 주덕화 회원(동일사 대표)과 원흥순 회원(좋은아침 연수원 회장)은 각각 자가용을 가지고 와 버스에 탈 수 없는 일부회원을 태우고 양구로 갔다.

김용원 회장의 인사말이 있었다. 이번 여행에는 회원들의 관심이 높아 신청을 받자마자 버스 1대에 탈 수 있는 45명을 초과했다는 것이다. 우리나라의 대표적인 철학자는 김형석 교수(일본 죠치대학 출신, 연세대 명예교수), 안병욱 교수(일본 와세다대학 출신, 전 숭실대 교수), 김태길 교수(일본 동경대출신, 전 서울대교수)등 세 사람을 꼽을 수 있다고 한다. 이들은 같은 나이의 동세대 사람들로서 두 사람은 작고하고, 김형석 교수만이 살아계신다는 것. 양구 인문학박물관을 찾아 김교수의 강의를 듣고, 우리나라에서 그림 값이 가장 비싼 박수근 미술관을 찾아 그의 작품을 관람하며, 우리나라의 백자를 한 눈에 볼 수 있는 양구백자박물관을 찾아 도자기를 관람하는 데 의미를 두고 이번 여행을 마련했다는 취지의 인사말을 했다.

  일행을 태운 버스는 가평 휴게소에 들러 11시 30분 점심 식사장소인 로컬 푸드 SJ마트에 도착했다. 문화관광해설사 김영자씨가 나와 우리를 반갑게 맞아준다.

  양구는 인구 2만3천여명의 인구가 적은 군(郡)으로 울릉군 다음으로 적은 곳이라고 한다. 양구에 오면 10년이 더 젊어진다고 한다. 양구에는 공장이 없어 공해가 없는 청정지역이기 때문에 이런 말이 유래됐을 것이다. 양구에는 2사단 21사단 2개 사단이 주둔하고 있다. 양구는 한반도 정중앙에 위치한다고 한다. 2002년 우리나라의 4극지점인 독도 동단, 평북 마안도 서단, 제주 마라도 남단, 함경북도 유포면 북단을 기준으로 한 중앙위선과 중앙경선이 만나는 중앙지점이 양구군 남면 도촌리 산 48번지로 확인되었다. 이는 인공위성을 이용한 과학적 측정에 의한 것이다.

  양구군은 동쪽으로는 인제군, 서쪽으로는 화천군, 남쪽으로는 춘천시, 그리고 북쪽은 휴전선을 사이에 두고 북한의 창도군, 금강군과 경계를 이루고 있으며, 소양호와 파로호가 남.서쪽에 있다.

  양구군이 배출한 인물로는 천재적인 화가 박수근을 비롯, 시인 이해인 수녀, 배삼룡 코미디언을 들 수 있다고 한다.

우리 일행은 일찍이 예약 주문한 곰취로 곰취막걸리를 곁들여 삶은 돼지고기를 싸먹었다. 곰취는 이곳 양구의 특산물로 곰의 발바닥과 닮아 곰취라

양구군 시내

고 이름 지어졌다고 한다. 곰취는 양구군의 대표적인 특산물로 곰취의 우수성을 널리 알리기 위해 매년 5월이면 곰취 축제를 연다. 올해도 지난 5월 4일부터 6일까지 3일간 양구읍 서천변 레포츠공원 일대에서 양구 산채 전시 및 체험, 이벤트, 축하공연으로 꾸며졌다.

오후 1시에 김형석 교수의 강연을 듣기 위해 양구인문학박물관으로 자리를 옮겼다. 지난번 양구답사 때 안내를 해준 김상훈 양구군 자치행정담당 직원이 이날 강연의 사회를 봤다. 김상훈씨는 손수 차를 몰고 양구 일대를 구석구석 안내해준 성실한 공무원이다.

먼저 김용원 회장의 인사말이 있었다. 김회장은 양구는 공장이 없는 무공해 청정지역인데다 많은 박물관과 함께 볼거리를 갖추고 있는 곳으로 다시 오고 싶은 지역이라고 말했다.

그는 한강포럼 25주년을 맞아 올해 100세를 맞은 김형석 교수를 초청, '산다는 것의 의미'라는 주제의 특별강연회를 마련했다면서 유익한 시간이 되기를 바란다는 취지의 인사말을 했다.

이어서 조인묵 양구군수의 인사말이 있었다. 그는 자신이 지난 해 7월 취임 이후 정계, 관계, 경제계, 문화계 인사들이 두루 망라된 모임단체를 맞이하는 것은 한강포럼이 처음이라고 말했다. 교육학박사이기도 한 그는 이어 우리나라가 경제 10위권의 나라로 도약한 것은 여기 계신 한강포럼 회원들이 열심히 일해준 덕분이라고 했다. 그는 또 우리나라의 인문학초석을 마련한 김형석 교수의 강연이 이곳 양구에서 열린다는 것은 하나의 큰 사건이라고 말했다. 조군수는 끝으로 한강포럼이 기획한 제 289회 김형석 교수의 강연 '산다는 것의 의미'를 듣고, 양구군의 여러 박물관 등 많은 볼거리를 감상하고, 맑은 공기를 마시면서 건강한 몸으로 돌아가시기를 바란다고 했다. 이어서 단체사진을 찍고 회원들에게 나눠주는 곰취 전달식이 있었다.

김교수는 돈의 목적보다는 일의 가치를 따라 일해야 하며, 돈을 어떻게 버느냐 보다 돈을 어떻게 쓰느냐가 중요하다는 등 '산다는 것의 의미'를 풀어나갔다. '나는 무엇을 위해서 어떻게 살아야하는가'라고 자기 자신에게 묻게 되는데, 그것은 생존의 의미라며, 인생을 길게 보는 사람이 삶의 의미를 찾게 된다고 말했다. 김교수는 회원들의 질문을 포함, 약 2시간의 강연을 원고 없이 진행했다. 100살의 그는 한 사람의 인간이라기 보다는 신선(神仙)같은 느낌을 준다.

강연이 끝나자 우리는 1층에 있는 안병욱 기념관을 둘러보고, 2층에 있는 김형석 기념관을 관람했다. 안병욱 기념관에는 '인생은 修學, 修業, 修德의 三修道場'이라는 그의 친필휘호가 걸려있다.

옆에는 인생론(人生論)이라는 글이 있다.

〈사는 것이 중요한 것이 아니다. 바로 사는 것이 중요한 것이다. 어디에 사느냐가 중요한 것이 아니다. 어떻게 사느냐가 중요한 것이다. 무엇을 말하느냐가 중요한 것이 아니다. 무엇을 행하느냐가 중요한 것이다. 얼마나 오래 사느냐가 중요한 것이 아니다. 얼마나 보람 있게 사느냐가 중요한 것이다.〉

　실내를 나오면 바로 앞뜰에 안병욱의 묘가 있다. 안병욱 교수는 김형석교수와 평소 절친한 친구이자 철학자로서 94세에 생을 마감했다. 김태길 교수 역시 같은 나이의 동갑내기로 90세에 돌아갔다.
　다음으로 찾은 곳은 박수근 미술관. 화강암으로 지은 원형건물을 볼 수 있다. 박수근 기념 전시관은 박수근의 삶과 예술세계, 실제로 사용했던 유품은 물론 그의 일생과 생전에 남긴 말과 편지를 만날 수 있다. 청년시절 박수근 화백과 박완서 작가가 함께 미군부대 PX에서 근무한 모습의 사진도 찾아볼 수 있다. 실제로 박완서 작가의 작품 '나목'(裸木)은 그 시절에 대한 회상이기도 하다. 기념전시관 근처에는 박수근과 그의 부인 김복순씨의 무덤이 있다. 박수근은 보통학교 졸업이 학력의 전부인데 비해 김복순은 약국집 딸로서 춘천여고를 졸업, 박수근의 작품에 해설을 달을 정도의 문장실력을 갖고 있다.
　박수근 미술관은 2004년 갤러리 현대 박명자 회장으로부터 소장하고 있던 박수근의 작품과 이중섭, 김환기, 장욱진, 천경자, 이응노 등 화가들의 작품 55점을 기증받았다. 박수근은 어린 시절 밀레와 같은 훌륭한 화가가 되게 해달라고 하나님께 기도했다고 한다. 그는 화강암 바닥에 곧잘 그림을 그렸다. 그래서 그의 호는 미석(美石)이다.

필자는 조선일보 기자시절부터 가까이 지내고 있는 고바우 만화가 김성환 화백으로부터 박수근 화백에 대해 들은 이야기가 있다. 박수근 화백이 미군부대에 근무하면서 창신동 산동네에 살 때는 자주 만나서 이야기를 주고받았다고 한다. 그는 미군들에게 그림을 많이 팔았다. 김성환화백의 부인은 이대 영문과출신이라서 내용을 영문으로 번역해 주는 등 박수근 화백에게 많은 도움을 주었다고 한다. 전시관에는 '빨래터', 굴비'등 널리 알려진 작품들을 볼 수 있다.

한강포럼 회원들이 마지막으로 찾은 곳은 양구백자박물관이다. 양구백자박물관은 이 박물관의 명예회장으로 있는 박기병씨가 평생 수집해온 양구백자 50여점을 지난 2003년 기증함으로써 박물관건립의 계기가 마련되었다. 박기병 전 대한언론인회 회장은 양구태생으로 올해 88세다. 기자협회 회장을 2번이나 지냈으며, 춘천 MBC사장과 강릉MBC사장을 역임했다. 참전언론인회 회장이기도 한 그는 미수의 나이인데도 재외동포신문방송인협회 이사장을 맡고 있다. 그는 얼마 전에도 도자기와 민속품 등 300여점을 고향 양구를 위해 양구군에 기증했다. 김용원회장도 기자협회 회장을 역임했다. 박기병회장과 김용원 회장은 잘 알고 지내는 언론인이다. 이번 한강포럼회원들의 양구 강연회 및 양구문화탐방은 박기병회장의 보이지 않는 조언과 지원이 컸다.

양구백자박물관은 전시, 교육프로그램을 통해 전통백자의 아름다움을 알리는 장소다. 국내에서는 유일하게 수비, 쇄석, 성형, 채석과정을 갖추어 도자기의 전 생산과정을 체험할 수 있다. 이곳 체험관에서는 관람객이 조선백자를 직접 만들어볼 수 있다. 작업장에서는 도자기 만드는 외국인도 볼 수 있었다. 이 외국인은 호주사람으로서 대학교수인데 한국에서 도자기기술자로서 같이 작업을 하고 있다고 한다.

전시관에는 백자, 요도구, 도편 등 3천185점이 전시되어있다. 또 복원된 백자가마터 3곳과 DVD영상과, 전통 가마가 설치되어있다. 백자의 명맥을 이어온 양구백자, 우리나라 백자의 발달사를 한눈에 볼 수 있다.

우리 일행은 양구의 모든 여행일정을 마치고 김영자 문화관광해설사가 추천해준 광치막국수집에서 저녁식사를 마치고 서울로 돌아왔다.

한강포럼이 주관하는 역사문화탐방은 흥미위주의 관광을 벗어나 우리선조들의 발자취를 더듬어보는 여행으로서 일반여행과는 차별화된 고품격의 여행이다. 한강포럼은 전국 서원 순례방문여행을 비롯 25년 동안 오로지 고품격의 여행만을 고집해왔다.

양구의 박수근 미술관, 양구백자박물관, 양구인문학박물관 관람은 100세를 맞은 김형석 교수의 25주년을 맞은 한강포럼강연과 함께 내 인생에 있어 또 하나의 추억거리가 될 것임에 틀림없다.

공주 백제문화제 탐방기

한강포럼은 올해 들어 지난 5월 가평 좋은아침연수원을 다녀온 데 이어 지난 9월 14, 15일 양일에 걸쳐 백제문화제가 열리는 공주일대를 여행하고 돌아왔다. 여행날짜를 이날로 맞춘 것은 9월14일부터 22일까지 제64회 백제문화제가 열리고 있었기 때문이다.

이날 용산역에는 한강포럼회원 33명이 참석했다. 일행을 태운 KTX는 10시55분 용산역을 출발, 1시간 7분만에 공주역에 도착했다. 공주역에는 한국문화연수원 연수원장 재안(在安)스님과 조옥순 문화관광해설사 등 많은 분들이 나와 우리일행을 따뜻하게 맞아주었다. 특히 한강포럼회원들의 공주방문을 환영한다는 플래카드를 준비, 우리 일행을 기쁘게 해주었다. 문화해설사는 공주를 찾아오는 손님은 모두가 공주와 같은 분으로 소중한 대접을 받는다고 환영해주었다.

공주역에서 백미고을까지 가는 버스에서 김용원회장의 인사말이 있었다. 김회장은 과거 비즈니스 거래로 알게 된 일본 도시바회장으로부터 한국불교가 일본불교와 어떻게 다르냐는 질문을 받은 적이 있다고 한다. 동국대학교에 자문을 구한 결과 일반적으로 한국의 유명한 스님은 염불, 경, 참선에 두루 통달한 스님을 말한다는 것. 이에 비해 일본의 스님은 염불이면 염불, 경이면 경, 참선이면 참선 등 어느 한 분야에 전문화된 지식을 갖고 있는 것이 특징이라고 한다. 그리고 기독교는 구원의 종교인데 비해 불교는 깨달음의 종교라는 것.

백미마을에 도착한 우리 일행은 일부는 알밤 육회비빔밥, 일부는 갈

비탕으로 점심식사를 했다. 이 자리에는 김정섭 공주시장이 나와 공주를 방문한 한강포럼회원들에게 감사의 인사말을 전했다.

그는 공주출신으로 공주고등학교를 거쳐 고려대학을 졸업했다고 한다. 노무현정부 때는 청와대 사회복지 수석실에서 근무했다고 한다. 당시의 사회복지수석은 충남 논산출신이며, 현재 건강보험관리공단 이사장으로 있는 김용익씨였다는 것. 공주고등학교 출신으로는 김종필 전 국무총리를 비롯, 정석모 전 내무부장관, 김희수 건양대 설립자 등 기라성같은 동문들이 많이 배출됐다고 전한다. 그는 공주가 과거 백제의 수도 웅진으로서 역사성이 있는 도시인만큼 역사에 걸맞는 도시로 발전시켜나가겠다고 말했다.

식사를 마친 우리가 처음 찾은 곳은 무령왕릉과 송산리고분군이다. 백제 25대왕인 무령왕의 무덤인 무령왕릉(武寧王陵)은 지난 1971년 배수로공사를 하다 우연히 발굴되었다. 1500년 전의 모습을 고스란히 간직하며, 완전한 상태로 발굴되었다. 이는 삼국시대 무덤에 묻혀있는 사람의 신분을 알 수 있는 한국 고대의 유일한 왕릉으로 화려하고 세련된 미의식과 창의성, 수준 높은 공예기술을 엿볼 수 있다.

무령왕릉은 지석이 발견되어 축조연대를 분명히 제시해주었기 때문에 삼국시대 고고학 편년연구의 기준자료가 되고 있다. 또 국보로 지정된 금제관식, 금제뒤꽂이, 금제상엽형이식(귀걸이), 지석, 석수, 청동신수경 등을 포함하여 총 2,900여점의 많은 유물이 출토되었으며, 이들 유물의 대부분을 국립공주박물관이 보관하고 있다. 무령왕릉을 포함한 공주 송산리 고분군은 사적 13호로 지정되어 있다. 위치는 충청남도 공주시 금성동(옛지명 : 송산리)이다.

송산리고분군은 백제시대의 왕과 왕족의 묘로 동쪽에는 1~4호분, 서쪽에는 무령왕릉과 5~6호분이 있다. 1~5호분은 굴 모양의 돌로 만든 무덤(굴방식 석실묘)이다. 6호분과 무령왕릉은 벽돌로 쌓았으며 중국묘제의 영향을 받았다. 와과 왕비의 관은 일본의 금송으로 만들어진 것을 보면 백제의 건축기술과 주변국가와의 교류를 파악할 수 있다.

공주에 있는 숭덕전(崇德殿)은 백제시조 온조왕을 비롯하여 웅진백제 시대(475~538)의 문주왕, 상근왕, 동성왕, 무령왕의 위패를 모신 전당으로 백제 옛 왕조의 영광을 기리는 곳이다.

매년 백제문화제가 열리는 첫날에 웅진백제대왕 추모제를 올리며, 백제의 후손들이 한 자리에 모여 한 뜻으로 선조들의 덕을 기리고 있다.

무령왕릉과 송산리고분군을 둘러본 우리는 국립공주박물관을 관람했다. 백제의 고도인 웅진에 자리한 국립공주박물관은 웅진백제문화를 중심으로 충청남도의 역사와 문화를 보존, 전시하기 위해 1946년 4월 1일 개관했다. 1973년 10월 12일 공주시 중동에 박물관을 신축 개관하였고, 2004년 5월14일 웅진동으로 신축 이전하여 오늘에 이르고 있다.

국립공주박물관은 1971년 발굴된 무령왕릉 출토품과 대전·충남지역 출토 45,009건 94,500여점의 문화재를 수집, 보관하고 있다. 국보

19점, 보물 4점 등 학술적 가치가 높은 중요문화재는 상설전시와 특별전시로 공개하여 관람객이 감상할 수 있도록 하고 있다.

매년 다양한 주제의 특별전을 개최하여 우리의 문화

여러 유물들이 전시된 국립공주박물관

를 국내외에 널리 소개하고 있으며, 다양한 조사 및 학술대회를 수행하고, 소장품에 대한 조사연구를 진행하여 학술자료를 발간하고 있다.

또한 다양한 문화행사를 개최하고 교육프로그램을 운영하여 우리역사의 전통문화에 쉽게 접할 수 있는 기회를 확대하고 있다.

국립공주박물관 관람을 마친 후 오후 5시께 숙소인 한국문화연수원에 도착했다. 김재인 연수원장은 불교에 관한 한 어느 스님 못지 않게 풍부한 지식을 갖고 있다고 한다. 그는 얼마 전 한강포럼에서 주관한 일본역사문화탐방여행에도 연수원실장과 함께 다녀오기도 했다. 한국문화연수원은 1만여평의 부지에 2천8백평방미터의 교육동과 2천9백평방미터의 숙박동으로 분리되어 있다. 이 구역이 서로 분리된 사연은 건립 당시 중앙 잔디밭에서 조선시대의 기와가마터가 발견되었기 때문이라고 한다. 이 유적지를 보존하기 위해서 불가피하게 설계를 변경하게 되었다는 것.

이날 저녁식사는 한강포럼회원들에 대한 연수원의 특별배려로 밥과

반찬, 국 등 다른 숙박객들에 비해 특별 대접을 받았다. 알밤막걸리를 곁들인 식사는 한층 맛이 있었다. 타이트한 여행스케줄에서 해방된 탓인지 회원들의 자유분방한 목소리가 활기차다.

방 배정을 받은 회원들은 백제문화제가 열리는 야경을 관람하기 위해 공산성으로 향했다. 행사장에 도착하니 백제등불향연이 펼쳐지고 있었다. 한마디로 대장관이다. 한쪽에서는 축하공연이 진행되고 있다. 이 등불향연은 공산성과 금강을 배경으로 황포돛배 및 백제 상징유등 설치로 해상강국 대백제를 빛으로 표현한 것이다. 특히 올해는 웅진천도 475년으로 475년을 상징하는 황포돛배 475척을 띄워 놓아 더욱 이채로웠다.

이와 함께 공산성과 금강을 아우른 아름다운 정원 미르섬의 아름다운 백제별빛 정원은 그 휘황찬란한 아름다움이나 수백만개의 전구 등을 이용한 규모의 크기 등 관람객들로 하여금 놀라움을 금치 못하게 한다. 나는 외국에서나 국내에서나 아직까지 이만한 규모의 등불행사를 본 적이 없다.

우리는 먼 길을 걸어서 멀리 떨어져 있는 공산성까지 갔다. 공산성에서는 등불축제를 관람하면서 밤9시부터 펼쳐지는 불꽃놀이를 보기 위해서였다.

공산성은 웅진백제시기를 대표하는 왕성으로 백제의 대표적인 고대 성곽이다.

비단결 금강이 감싸 흐르는 고풍스러운 성곽을 따라 걷다보면 1500

년 전 고대왕국 대백제의 찬란했던 향취가 가슴속 깊이 다가옴을 느낄 수 있다.

백제는 고구려 장수왕의 공격으로 인해 문주왕 원년(475)에 한성에서 웅진(공주)으로 도읍을 옮기게 되었다. 공산성은 문주왕을 비롯해 삼근왕, 동성왕, 무령왕을 거쳐 성왕16년(538)에 사비(부여)로 도읍을 옮길 때까지 64년간 백제의 왕성이었다.

공산성은 백제시대에는 웅진성으로, 고려시대에는 공주산성, 조선시대 인조 이후에는 쌍수산성으로 불리었다. 이 성은 백제시대에는 토성이었다가 조선시대 인조, 선조 이후에 석성으로 개축되었다. 현재는 동쪽의 735m를 제외하고, 나머지는 모두 석성이다. 성곽길을 따라 걷다보면 금강을 낀 공주시를 한눈에 볼 수 있다.

저녁 9시가 되자 일제히 불꽃놀이가 시작됐다. 공산성에서 관람하는 불꽃놀이는 가까이에서 보이기 때문에 더욱 아름답다. 서울에서도 나라 경축기념일을 맞아 불꽃놀이 행사를 구경했지만, 이렇게 가까이 본 적은 없었다.

한국문화연수원에서 하룻밤을 묵은 우리는 짐을 챙기고 마곡사로 향했다. 마곡사는 신라의 자장율사가 640년 창건했다고 하나 신빙성이 높지는 않다고 한다. 1159년 불일 보조국사가 중건한 기록이 가장 오래된 기록으로 남아있다. 마곡사 주변의 물과 산의 형세는 태극형으로 알려져 있다.

마곡사는 이와 함께 백범 김구선생이 독립운동을 하면서 일본군장교를 죽이고 난 후 피신처로도 유명하다. 백범은 젊은 시절 명성왕후를 시해한 일본인 장교를 죽이고 투옥된다. 인천형무소에 수감된 백범은 얼마 안 돼 탈옥하고 삼남으로 잠행하였다가 마곡사에 이르게 된다. 마곡사에 이른 백범은 원종(圓宗)이라는 법명을 쓰고 3년간 사미로 일했다. 이 때의 인연으로 마곡사에서는 백범을 추모, 다례제를 여는 등 김구 선생의 뜻을 기리고 있다.

마곡사에는 김구선생이 승려가 되기 위해 삭발을 하던 곳, 공부를 하던 곳 등을 볼 수 있다. 김구선생은 삭발을 할 때 상투가 잘려나가자 눈물을 흘렸다고 한다. 김문웅 회원도 젊은 시절 이 곳에 와서 고시공부를 했다고 한다.

우리는 공주민속극박물관에 들러 심하용 관장으로부터 박물관의 설명을 들은 후 고가네칼국수집에서 점심식사를 했다. 고마나루 솔밭길로 가벼운 산책을 했다. 고마나루는 곰나루나는 뜻이다. 마지막으로 공주산성시장을 방문, 각자 필요한 쇼핑을 했다. 가이드가 밤빵이 공주의 특산물이라는 설명에 많은 회원들이 밤빵을 샀다.

마지막 일정을 마친 후 공주출신의 윤덕순회원이 준 선물 공주햇밤과 함께 공주시로부터도 묵직한 무게의 햇밤을 선물로 받았다. 오후 5시 31분 서울행 KTX에 올랐다.

비록 1박2일의 짧은 여행이었지만 낮과 밤을 가리지 않은 유익하고 볼거리 풍성한 공주역사문화탐방이었다.

홍천 수타사와 남궁억기념관을 다녀와서

 한강포럼은 2017년도 첫 역사문화탐방여행지를 강원도 홍천에 있는 사찰 수타사와 독립운동가인 남궁억(南宮檍) 기념관으로 정해, 지난 28일 많은 회원들이 오랜만에 도심의 찌든 공해를 벗어나 청정지역 산골의 맑은 공기를 마시고 돌아왔다.

 아침 8시 20분께 집결지인 압구정 현대백화점 옆 주차장에 도착했다. 이미 대절한 제로쿨투어버스에는 많은 회원들이 자리를 잡고 있었다. 그동안 단골로 이용해 오던 아이넷관광버스는 부도가 나는 바람에 이번에 제로쿨투어버스로 교체했다고 한다.

 8시 40분 이윽고 목적지를 향해 버스가 출발한다. 김용원회장의 간단한 인사말이 있었다. 이번 여행을 위해 모든 여행준비는 신갑순회원이 해주었다고 한다. 또 회원들의 여행을 돕기 위해 홍천군에서 관광가이드 책자, 지도, 홍천군 관광지와 특산물이 그려진 손수건을 보내왔다며, 회원들에게 하나 하나 나누어주었다.

 오늘 참석한 회원은 모두 41명. 이 가운데 10명의 회원이 부부동반으로 참석했다. 모든 좌석이 빼곡이 찬 셈이다. 가장 연장자인 신국주 회원(93세. 전 동국대 총장), 김영수 회원(전 문화체육부장관), 최열곤 회원(전 서울시교육감), 지성한 회원(전 마주협회 회장)등의 모습이 보인다.

 이날 참석한 회원을 기억나는 대로 적어보고자 한다. 한강포럼은 회원으로 이루어진 단체로서 회원 개개인 모두가 주인이라고 생각되기 때문이다.

김경원 회원, 김광현 회원, 김문웅 회원, 김삼봉 회원, 김환수 회원, 박기천 회원, 박일휴 회원, 송문호 회원, 신갑순 회원, 안충모 회원, 윤덕순 회원, 이길융 회원, 이용성 회원, 인권식 회원, 전중신 회원, 정정자 회원, 조용득 회원, 주덕화 회원, 최상섭 회원, 황인천 회원.

항상 한강포럼 회원들의 뒷바라지를 위해 고생을 마다하지 않는 강은영과장은 준비한 떡과 음료수(삼다수)를 나누어주기에 바쁘다. 이와 함께 회원들이 필요한 것을 챙겨주기 위해 이 자리 저 자리를 찾아 바쁘게 돌아다닌다.

날씨는 매우 맑아 여행하기에 딱 좋은 날이다. 9시 10분 께 버스는 죽전휴게소에서 황인천 회원 부부등 몇 명의 회원을 태우고 다시 목적지를 향해 달렸다.

신갑순 여사의 인사말이 있었다. 이번 여행은 비교적 짧은 여행으로서 회원들이 조용히 명상을 하면서 즐기는 여행이 되길 바란다고 했다.

신여사는 또 주덕화 회원이 한강포럼 찬조금으로 100만원을 주셨다며, 감사의 말씀을 드린다고 했다.

우리 일행을 태운 버스는 10시께 문막휴게소에 도착, 휴식을 취한 다음 11시 10분 드디어 수타사(壽陀寺)에 도착했다.

문화해설사의 말에 의하면 수타사란 이름은 정토세계의 오랜 수명을 상징하는 절이라고 한다. 그래서 이 절을 찾아오는 사람은 3년을 더 산다고 한다. 10번을 찾아오면 30년을 더 산다는 것.

한국 100대 명산인 공작산 자락에 자리 잡은 수타사는 신라 성덕왕 7년(708년)에 원효대사에 의해 창건된 것으로 전해지는 오래된 사찰이다.

처음에는 일월사(日月寺)라고 불렀다. 선조 2년(1569년) 지금의 자리로 옮겨짓고 수타사라 하였다.

임진왜란으로 소실되어 폐허로 남아 있다가 인조 14년(1636년)에 재건축을 시작해 절의 면모를 새롭게 갖추고 오늘에 이르렀다.

대적광전 팔작지붕과 동종(銅鐘), 3층석탑이 유물로 남아있고 보물 제 745호로 지정된 월인석보를 비롯해 사천왕상, 후불 탱화, 홍우당 부도 등 많은 문화재를 볼 수 있다.

수타사 관람을 마친 일행은 점심을 먹기 위해 인근에 있는 식당으로 갔다. 이 음식점에서는 메밀전, 돼지수육을 곁들여 동동주가 나왔다. 식당에서 담근 술 이라서 그런지 맛이 일품이다. 일행은 삼삼오오 둘러앉아 메밀국수를 먹으면서 시간가는 줄 모르고 이야기 꽃을 피웠다.

식사를 마친 일행은 공작산에 있는 수타산 산소(O2)길 산책에 나섰다. 공작산은 산 정상에서 바라보면 산세가 마치 공작이 날개를 펼친 모습과 같다 하여 붙여진 이름이다.

산소길 산책이란 울창한 숲속에 들어가 거닐면서 신선한 공기를 마시는 산림욕이다.

숲은 낮은 온도, 향기로운 냄새, 푸른 색깔과 수목의 자태 등 우리 인간들의 마음을 안정시키는 기능을 한다. 또 식물체에 의한 산림의 공기는 살균작용의 기능을 갖고 있어 사람의 몸에 좋다고 한다.

요컨대 삼림욕은 미생물에는 유독하지만 사람의 인체에는 유익하여 가벼운 피로나 감기는 숲속에 머물러 있으면 치료가 된다고 한다.

올해 93세의 신국주회원은 다리에 힘이 없어 앉았다가 일어설 때, 그리고 계단을 오를 때 힘이 들지만 걷는 데는 이상이 없다고 한다. 소설 '만주부인'으로 최근 국제펜클럽 상을 받은 이길융 회원은 약간 다리를 절지만 회원들과 함께 걸었다. 최열곤 회원은 다른 회원처럼 걷기가 힘든지 중간에서 휴식을 취한다음 다시 걷기 시작했다. 끝까지 회원들과 산행을 함께 한 세 분에게 경의를 표한다.

자연과 하나 되는 숲길 걷기를 마친 일행은 오후 3시께 남궁억 기념관으로 가기 위해 버스에 올랐다. 남궁억 기념관 까지 가려면 약 50분이 걸린다고 한다. 김용원 회장은 달리는 버스에서 포병 병과 대령출신인 박기천 회원에게 이번에 사드에 대해서 다시 한 번 설명해달라고 했다.

박회원은 사드는 공격용 무기가 아닌, 방어용 무기이며, 지대지 무기가 아닌 지대공 무기라고 말하고, 사드는 절대 인체에 무해하므로 국민들이 사드에 대해 안심해도 좋다고 강조했다.

역사문화탐방 마지막 코스인 남궁억(南宮檍)선생 기념관에 도착하자 현재호 한서교회 담임목사가 일행을 반갑게 맞아준다. 한서교회는 남궁억선생 기념관 내에 있는 교회다. 한서(翰西)는 남궁억 선생의 호다. 남궁억 기념관은 남궁억선생의 고귀한 민족사랑의 정신을 기리고자 건립했다.

남궁억선생은 독립운동가이며, 교육자이자 언론인이다. 황성신문을 창간하여 일제의 침략야욕을 폭로하고, 무궁화 보급운동과 국어.국사 교육을 통해 민족정신을 고취했다.

특히 서재필, 이상재 등과 함께 독립협회를 창립하고 황성신문 사장을 역임하면서 독립신문, 황성신문, 교육월보 등 언론을 통해 민중계몽에 앞장섰다.

1863년 서울 정동에서 태어났다. 조선 말 최초의 영어통역관이 되어 고종의 통역을 맡았다. 칠곡군수, 내무부 토목국장, 성주목사, 양양군수를 역임했다.

1910년 일본이 우리나라를 강탈하자 배화학당의 교사가 되어 독립사상 고취, 애국가사 보급, 한글보급에 힘썼다.

1918년 자신의 선조고향인 홍천군 서면 모곡에 낙향하여 교회와 모곡학교를 설립했으며, 나라꽃인 무궁화 보급운동을 전개했다. '삼천리반도 금수강산'등 1백여곡의 애국가요를 지어 보급했다.

기념관에는 남궁억선생의 저서 '동사략, 조선이야기', 무궁화 십자당 사건 취조 장면, 보리울 모곡학교 복원모형, 열폭 병풍에 쓰인 남궁억선생 붓글씨, 무궁화 십자당 사건 재판기록, 독립신문 영인본, 황성신문 영인본, 건국훈장 국민장, 무궁화 자수 지도, 가정교육 책자, 교육월보 책자 등이 진열돼 있다.

현재호 목사님은 기념관 곳곳을 알기 쉽게 설명해주고 안내해주었다. 남궁억선생이 작곡한 노래 가운데 몇 곡을 직접 불러주기도 하고, 어떤 곡은 우리들에게 같이 따라 부르도록 가르쳐주기도 했다.

우리 일행과 헤어질 때는 정원에서 무궁화 묘목 한 그루씩을 모든 회원들에게 나누어주는 친절함도 마다하지 않았다.

문화역사탐방이 끝난 시간은 오후 5시 10분. 서울로 돌아가는 길은 홍천으로 갈 때보다 더 빨라보였다.

한강포럼이 주관하는 역사문화탐방은 흥미위주의 관광을 벗어나 우리선조들의 발자취를 더듬어보는 여행으로서 일반여행과는 차별화된 고품격의 여행이라 할 수 있다.

이번 역사문화 탐방여행은 내 인생에서 또 하나의 추억거리가 될 것임에 틀림없다.

한강포럼의 김포문화유적지 탐방

한강포럼은 그동안 매년 상하반기로 나누어 각 지방에 있는 서원, 사찰 등 문화유적지를 찾아 감으로써 회원들에게 우리 조상들의 얼과 지혜를 깨닫게 해주는 계기를 마련해주었다. 지역문화원을 통해 찾아가는 역사문화유적지 탐방은 김포시가 그 첫 번째다. 김포는 22만 인구를 거느리고 있으며, 김포 신도시가 완성되면 23만명이 늘어나 김포는 약 50만의 인구를 거느린 중견도시로 탈바꿈하게 된다.

　한강포럼 역사문화 유적지 탐방은 전중신 회원이 치밀하게 기획, 미리 답사한 후 회원들을 안내, 현장을 찾아간다.

　필자는 김포로의 역사문화유적지 탐방을 위해 아침 일찍 일어났다. 송파의 석촌역에서 버스를 탔다. 집결지인 압구정동 현대백화점 옆의 주차장에 도착한 시각은 정각 8시. 출발 30분 전인데도 이미 많은 회원들이 도착해 있다.

　우리 일행을 태운 관광버스는 5분이 지난 8시 35분에 목적지인 김포문화원을 향해 출발했다. 탑승회원은 32명. 회원가운데는 마쓰부찌, 무라카미, 와타나베씨 등 일본인 3명이 있다. 마쓰부찌씨와 무라카미씨는 한국인 여성을 아내로 맞아 살고 있으며, 와타나베씨는 한국인 남성을 남편으로 맞아 살고 있다. 한마디로 이 세 사람은 한일 두 나라의 친선과 경제발전을 위해 가교역할을 하고 있는 셈이다. 가깝고도 먼 이웃이라는 두 나라의 장벽을 깨기 위한 민간외교관인 것이다.

　필자는 업무상 매일 차를 몰고 다닌다. 오늘은 관광버스에 올라 올림픽도로를 달리며 한강주위를 보니 같은 한강이라도 더 넓게 보이는 느낌이다. 자신이 운전을 하면서 주위를 보면 부분석으로 보이지민 관광버스에서 보면 한강주위의 전체가 시야에 들어오기 때문일 것이다.

　9시 10분 김포시민회관에 도착했다. 안내를 맡아줄 조한승회원이 인사를 한다. 조회원은 한강포럼회원들이 김포시를 찾아주신데 대해 정말로 감사를 드리며, 즐거운 여행이 되길 바란다고 했다.

조회원은 "어젯밤은 마치 소풍가는 학생처럼 잠을 설치며 한강포럼 회원들을 기다렸다"고 한다. 조회원은 이 지역의 유정복 국회의원(농수산부장관), 김포시장 등 기관장과 함께 지역유지들이 한강포럼회원들의 김포방문을 환영하고 있다며, 일정상 본인들은 참석 못했지만 관계관을 대신 보냈다며, 이들을 일일이 소개했다. 조회원은 이와 함께 이 곳 지역 유지들이 김포 쌀, 홍삼차와 홍삼캔디, 홍삼초콜릿, 떡 등 여러 가지 선물을 준비했다고 한다.

조한승회원은 교직자출신으로 김포토박이다. 조회원은 김포외고 교장 등 여러 곳의 교장을 역임했으며, 김포문화원장을 오랜 기간 동안 지낸 후 현재는 김포사랑운동본부 이사장으로 있다.

조회원은 우리 일행을 안내해줄 여성으로 김포시 문화관광해설사 오기양씨를 소개했다. 오기양씨는 조한승회원의 고등학교 제자이기도 하다.

처음 찾은 곳은 장릉(章陵)이다. 이곳에서는 박연근 문화해설사가 장릉에 대한 설명을 해준다. 문화해설사가 유적지 설명을 하는 동안 이기남회원은 한강포럼회원을 배경으로 비디오카메라촬영에 분주하다. 이기남회원은 사진작가다. 아프리카 대사를 역임하는 등 외무공무원 출신인 그는 우리 일행이 관광을 마칠 때까지 비디오카메라에서 한시도 시선을 떠나지 않았다. 비디오카메라에 몰입하는 동안은 무아지경에 빠지는 듯하다.

장릉은 사적 제 202호로 약 15만평에 이른다. 장릉은 원종(元宗)과

부인 인헌왕후 구(具)씨의 능이다. 원종은 14대 선조의 다섯째 아들인 정원군(定遠君)으로 인빈 김씨의 소생이다. 첫째 아들 능양군(인조)이 인조반정으로 왕위에 오르자 대원군에 봉해졌고, 1632년 왕으로 추존됐

장릉

다. 어렸을 때부터 용모가 빼어나고 태도가 신중했으며, 효성과 우애가 남달라 아버지 선조의 사랑을 많이 받았다고 한다.

우리 일행이 두 번째로 찾은 곳은 우저서원(牛渚書院)이다. 우저서원으로 가는 길에 우리 일행은 이곳의 여성단체 회장이 한강포럼회원을 위해 준비한 떡을 버스 안에서 먹었다. 장릉의 삼림욕을 마친 후에 먹는 떡은 더욱 맛있다.

우저서원은 조선 선조 때의 김포출신 학자이자 의병장이었던 조헌(趙憲)선생을 추모하기 위해 인조 26년(1648년)에 세워졌다. 서원은 조헌선생의 덕행을 기리고 지방의 유학교육을 담당하기 위하여 지은 교육기관이다.

경기도 지방유형문화재 제 10호로 지정되어 있다. 성품이 강직한 조헌선생은 임진왜란 때 도요토미 히데요시가 쳐들어오자 1천6백명의 의병을 모아 청주성을 수복하였으며, 금산성전투에서 왜병들과 장렬한 전투를 벌여 7백의병과 함께 죽음을 맞았다. 충남 금산에는 이들의

죽음을 기리는 무덤 '7백의총'이 있다.

이어 우리 일행은 사적 제 292호인 덕포진(德浦鎭)으로 향했다. 조한승회원은 버스 안에서 김포 쌀은 여주 쌀보다 더 맛있는 대한민국에서 제일 좋은 쌀이며, 김포는 김포공항과 인천공항이 가까이 있어 해외에 다녀오기 좋으며, 서울이 가까워 살기에 가장 좋은 곳이라고 한다.

덕포진은 병인양요 때의 프랑스군, 신미양요 때의 미 해병대와 싸움을 벌였던 격전지이다. 덕포진에는 어선이 80여척, 횟집이 30여집이 운집해있다. 이곳에서는 김기송문화관광해설사가 설명해주었다. 김기송해설사는 올해 80세로 왕성한 체력을 갖고 있다. 그는 이렇게 튼튼한 건강을 유지하는 비결은 매사에 욕심을 부리지 않고 살아가기 때문이라고 한다. 새겨들어야 할 대목이다. 그는 이곳에서 포(砲)발굴작업에 나서 큰 성과를 얻어 문화재발굴에 큰 기여를 한 것으로 전해지고 있다.

우리 일행은 점심을 먹기 위해 대명포구에 있는 '청기와 횟집'으로 향했다. 청기와 횟집에 도착하니 오후 1시. 각 테이블마다 해산물에다 회 1접시, 그리고 소주잔이 준비되어있다. 필자는 30년 전 조선일보에서 같이 근무한 이유경회원을 이번 여행에서 만났다.

시인이기도 한 이유경회원은 전중신회원과는 경남고등학교 동기동창이기도 하다. 참으로 세월은 화살과 같이 빠른 것 같으며, 그리고 세상은 좁은 것 같다. 30년 만에 한강포럼의 여행길에서 만났으니 말이다. 이유경회원과 막걸리를 마시며 지난날의 추억을 더듬으며 이야기를 나누었다.

점심을 마친 후 우리들은 김포함상공원으로 갔다. 이곳은 52년간 바다를 지켜오다 지난 2006년 퇴역한 상륙함(LST)을 활용하여 조성한 수도권 유일의 함상공원이다. 이곳은 군함의 함장실, 조타실, 진료실 등에 들어가 생생한 체험을 할 수 있다. 주위에는 야외무대, 분수대 등 다양한 볼거리를 제공해준다.

이어 오후 3시가 되자 김포의 땅 끝 애기봉(愛妓峯)으로 향했다. 안내를 맡은 오기양해설사는 피로할 것이니 버스 안에서 주무시라고 취침시간을 준다. 술을 마신 탓인지 몸이 노곤하다. 애기봉이란 이름은 병자호란 때 끌려간 평양감사를 산봉우리 꼭대기에서 그리다 죽은 기생 애기의 한이 서려있다고 해서 붙여진 이름이다.

애기봉은 민간인이 신분증 없이는 들어갈 수 없는 민간인통제구역이다. 애기봉 정상에서는 송악산 등 북녘땅이 한눈에 바라다 보인다. 마주한 남한 산은 산림이 울창한 데 비해 북한의 산은 온통 벌거숭이 산이다. 땔감으로 나무를 모두 베었기 때문이란다. 때문에 어느 곳이 남과 북인지 한눈으로 식별할 수 있다.

망원경으로 강 건너 1800m 떨어진 북녘땅을 살펴보니 이곳 관광객들을 위해 만든 전시마을이라서 그런지 한 농부가 소를 몰고 가는 광경이 눈에 띈다. 우리는 전시관으로 안내를 받아 현역 육군 중위의 애기봉에 얽힌 유래와 마주 보이는 북한 땅의 시설물에 대해 설명을 들었다.

 이곳을 방문한 고 박정희대통령이 애기의 한은 가족과 고향을 잃은 실향민의 한과 같다고 해서 '애기봉'이라는 친필 휘호를 내렸다고 한다. 그래서 그런지 매년 추석 때는 이 곳 망배단에 가족과 고향을 북에 두고 온 실향민들이 찾아 조상들에게 제사를 지내고 통일을 기원한다고 한다.

 우리 일행은 애기봉 구경을 끝으로 김포관광을 모두 마쳤다. 시계는 4시 20분을 가리킨다.

 저녁식사는 꿩고기로 우려낸 얼큰 떡만두국을 먹었다. 조한승회원은 김포의 유력인사들을 일일이 소개해주고 교편생활을 했다는 김경태씨 등 몇 분을 한강포럼회원으로 가입시켰다며, 앞으로 한강포럼 김포분회도 개설할 의향이 있다고 밝혔다.

 서울로 돌아오는 길에는 중장출신인 차기문회원의 안보에 관한 짧은 강연과 함께 마쓰부치회원의 이번 여행에 대한 소감이 있었다.

 차기문회원은 우리군은 최신예무기를 갖추고 있고, 또 북한군이 이를 잘 알고 있기 때문에 북한이 도발할 경우 아무리 강력한 응징을 해도 전면전은 일어나지 않는다며, 북한이 국지전으로 나올 경우 강력한 응징만이 북한을 제압할 수 있다고 힘주어 말했다.

 마쓰부치회원은 남북이 하나로 뭉쳐있다면 대한민국이 크게 발전했을 것이라며, 남북이 갈라져 대치하고 있는 데는 한국을 통치한 일본의 책임도 크므로 죄스러운 생각이 든다고 말했다. 마쓰부치회원은 특히 이번 지진에 한국국민의 큰 관심과 지원에 감사드리며, 한국과 일본이 손에 손잡고 함께 발전해나가는데 도움이 되도록 노력하겠다고 말했다.

김용원회장은 마지막 작별 인사말을 통해 한강포럼에 속해 있는 3명의 회원이 이번 지진으로 큰 피해를 입지 않아 다행이라며, 한국 사람은 한국인답게 긍지를 갖고 살아가야 한다고 생각하며, 한국이 짧은 기간에 선진국으로 발전한 데 대해 하나님께 감사를 드린다고 말했다.

김회장은 한강포럼은 국내여행을 맡은 전중신회원, 외국여행을 맡은 안충모회원, 사진을 찍어주는 최강 회원 등 많은 사람들이 무료봉사로 도와주고 있어 포럼이 날로 발전해나간다며, 이분들의 노고에 감사를 드린다고 했다.

김회장은 끝으로 오늘의 김포투어는 매우 성공적이었다고 말하고, 앞으로도 좋은 곳이 나타나면 언제라도 하루 코스로 다녀올 계획이라며, 인사를 마쳤다.

전중신회원은 지난 4년간 전국의 역사문화유적지를 찾아 여행을 했다며, 조한승회원이 적극적으로 지원을 해주어 오늘의 여행이 성공적이었다고 했다.

전중신회원은 김용원회장의 뜻을 받들어 좋은 여행지를 찾아 항상 미리 답사를 한 후 한강포럼회원들의 역사문화유적지 탐방여행을 위해 최선을 다하겠다고 김회장의 격려에 화답했다.

이번 여행에서 김포는 김포비행장만 있는 곳이 아니라 자연경관이 좋으며, 역사가 숨 쉬며 살아있는 유적지라는 것을 새삼 느끼게 되었다. 이번 여행에 32명이 참석해 그런대로 성황을 이루었다. 그러나 왜 이렇게 좋은 여행을 많은 회원들이 놓치고 있는지 아쉬운 점을 지울 수 없다. 다음에는 더욱 많은 회원들이 참석, 대성황을 이루었으면 하는 바람이다.

압구정에서 버스에 하차, 전중신 회원이 나누어주는 김포 쌀, 홍삼차 등 선물을 한 아름 안고 회원들과 다음 한강포럼에 만날 것을 기약하며, 아쉽지만 작별인사를 해야 했다. 피로에 지친 오늘 밤은 잠도 잘 오겠지.